Rolf Dietrich

ICH BIN DEMENT
Mut zur Verwirrtheit!

Einführung in eine neue Methode für die Arbeit mit Dementen
aus Sicht eines Betroffenen

Mit Fotos von
Edith Marra

Covergestaltung: Ilona Oestreich, unter Verwendung eines Fotos von Edith Marra
Fotos: Edith Marra, Masburg
Layout: Ilona Oestreich, Berlin
Herstellung Und Verlag:
Books on Demand GmbH, Norderstedt
ISBN: 978-3-8370-6325-7

Inhalt

Vorwort 5

Einleitung:
Mut zur Verwirrtheit! 7

Dagegen muss es doch was geben! 7

Mut zur Verwirrtheit! 9

Lasst mich im Wald die Bäume sehen! 10

Fragen über Fragen! 11

vfi – Verstehen Fühlen Inspirieren:
Eine neue Methode in der Arbeit mit Dementen 15

Definitionen 15

Sichtweise eines Betroffenen 17

Die Methode vfi in der Praxis:
Anleitung zum Umgang mit Dementen 21

V wie Verstehen 21

Sentimentale Erinnerung 21

Entwicklungsschritt 1: Willkommensein 23

Entwicklungsschritt 2: Geborgenheit 24

Entwicklungsschritt 3: Selbstbehauptung 26

Entwicklungsschritt 4: Selbstbewusstsein 27

Entwicklungsschritt 5: Selbstständigkeit 29

Rückblenden als Lösungsversuch 32

F wie Fühlen 34
Wie fühlen wir? 35
Die Wahrnehmung der Gefühle 36
Wahrgenommene Gefühle ausdrücken 37
Verbale Berührungen 1: Willkommensein 38
Verbale Berührungen 2: Geborgenheit 39
Verbale Berührungen 3: Selbstbehauptung 39
Verbale Berührungen 4: Selbstbewusstsein 40
Verbale Berührungen 5: Selbstständigkeit 41
I wie Inspirieren 41
Das Gespräch 41
Der provokative Stil 48
Induktionen: Schuld, Scham, Gewissensbisse 55

Fallbeispiele aus der Praxis:
Zwei demente Menschen berichten aus ihrem Alltag 65
Ein Tag mit Maria 65
Erika und Gabi 76

Ausblick 89

Literatur 91

Vorwort

1994 erkrankte meine Patentante an Krebs und zeigte Züge von Demenz. Immer wenn ich bei ihr war, erzählte sie Geschichten aus meiner Kindheit und was wir alles miteinander erlebt hatten. Sie wirkte dabei klar und fröhlich. Im Laufe der Zeit allerdings verschlechterte sich ihr Zustand, sowohl körperlich als auch ihre geistigen Fähigkeiten betreffend. Ihre Tochter, von der sie zu dieser Zeit betreut wurde, half ihr so gut sie konnte.

Meine Patentante war Schneewittchen und ich ihr kleiner Zwerg. Diese Namen hatte sie bereits in meiner Kindheit festgelegt – wann immer ich zu ihr kam und Geborgenheit suchte, wurde in dieser Form miteinander gesprochen. Auch bei meinen Besuchen in der Gegenwart blieben die Szenen mit Schneewittchen und dem kleinen Zwerg für meine Patentante gegenwärtig. Selbst in der Phase des Sterbens erkannte sie mich in dieser Rolle. Andere Personen verloren für sie immer mehr an Bedeutung.

Wie konnte ich diesem Menschen, der mir in meinem Leben so viel bedeutet und mir so oft geholfen hatte, helfen? Ich fühlte mich so hilflos! Heute bin auch ich, der Zwerg, von der Demenz betroffen. Und wieder fühle ich mich hilflos.

Die Zuneigung zu meiner Patentante ermöglichte mir den Zugang zu den dementen Menschen – Schneewittchen wird mich in meinem Inneren hoffentlich immer begleiten.

Licht in meinem Dunkel

Einleitung
Mut zur Verwirrtheit!

Dieses Buch habe ich geschrieben, um Verständnis für jene Menschen zu wecken, die einen für alle anderen oft sehr schwer verständlichen Weg gehen müssen.

Obgleich mir das Wort „Demenz“ nicht angenehm ist, werde ich es im Laufe des Buches beibehalten. Zum einen dient dies dem besseren Verständnis, wenn ich mich auf einen allgemein gebräuchlichen Begriff stütze; zum anderen klingen andere Wendungen, die ich probeweise schon benutzt habe (wie: „veränderte Menschen“), auch nicht viel besser und erlauben auch nicht die gewünschte Präzision.

Demenz aus der Sicht eines Betroffenen zu beschreiben ist mein Anliegen. Und dies möchte ich gerne auch mit einer Portion Humor, Witz und Ironie tun – weil es mir persönlich sehr entspricht, aber auch, weil das Thema meines Erachtens gewöhnlich viel zu ernst behandelt wird.

Dagegen muss es doch was geben!

Wenn ich in meiner näheren Umgebung erlebe, dass ein Mensch nicht mehr in das erwartete Muster passt, suche ich nach Erklärungen und Lösungen. Die Tendenz, dann medizinische Hilfe herbeizurufen, ist groß: „Es muss doch irgendein Medikament geben, das gegen diese Vergesslichkeit hilft. Das wird ja immer schlimmer.“ Solche und ähnliche Sätze lagen auch mir früher schnell auf der Zunge, wenn ich erste Züge von Demenz bei einem Menschen feststellte, der mir wichtig war. Die Medizin jedoch kann hier bisher noch nicht heilen. Da insofern aus dieser Richtung noch keine direkte Hilfestellung zu erwarten ist, kommt zu den bereits bestehenden Schwierigkeiten im Umgang mit dem betreffenden Menschen noch meine Hilflosigkeit hinzu.

In diesem Buch möchte ich einen Weg beschreiten, der nicht zwingend eine Heilung anstrebt. Vielmehr möchte ich dazu aufrufen, mich und Menschen mit ähnlichen Zügen in ihrer Befindlichkeit zu begleiten und eine Lösungsstrategie zu finden, die vielleicht nicht mit den sonst üblichen Mustern einhergeht. Dafür ist es aber notwendig, meinen Betrachtungswinkel auf eine andere Basis zu stellen – ich muss versuchen, zugleich „von innen" wie auch „von außen" auf das Phänomen „Demenz" schauen.

Daher möchte ich Sie einladen, liebe Leser, mich auf eine Reise in das Innere eines Betroffenen zu begleiten: in mein eigenes Inneres. Ich möchte mir und Ihnen in diesem Zusammenhang den Zugang zur emotionalen Intelligenz von mir, dem betroffenen Menschen, eröffnen: Was könnte in mir gefühlsmäßig vorgehen? Und: was könnte mich dazu gebracht haben, so zu handeln, wie ich es tue? Könnte es sogar sein, dass all mein Tun einem bestimmten Zweck unterworfen ist? Wenn dem so ist, gibt es dann eine Möglichkeit, zu mir zu gelangen und Kontakt mit mir in meiner so eigenen Welt aufzunehmen? Ist es eventuell möglich, dass ich diese Welt, in die ich mich zurückgezogen habe, wieder verlassen kann?

Es ist gar nicht so schlimm für mich, diesen Fragen nachzugehen, eher lustig. Viele weitere Fragen drängen sich auf, und ich glaube, dass ich sie mit „ja" beantworten kann: ja, es hat alles einen Zweck, und man kann mich erreichen, und: ja, ich kann diese Welt unter bestimmten Umständen verlassen.

Doch dafür sollten wir beide – Sie und ich – uns auf die „scheinbare Verwirrtheit" einlassen, wir brauchen den

Mut zur Verwirrtheit!

Meine Sichtweise stützt sich auf meine Erfahrungen und Erkenntnisse der letzten Jahre mit Menschen, die so sind wie ich. Dabei ist bei mir besonders aufgefallen, dass in Phasen der Verwirrtheit nicht mein Tun und Handeln für mich entscheidende Bedeutung haben, sondern immer die Gefühle.

Wenn ich Handlungen ausführe, sind nicht die augenscheinlichen Wirkungen für mich wichtig, sondern meine dahinter liegenden Gefühle prägen die Situationen. Insofern halte ich es für dringend erforderlich, mich meinem Standpunkt als verwirrter Mensch vom Gefühlserleben her anzunähern, wenn ich erkennen will, was für mich in der jeweiligen Situation im Vordergrund steht.

Die Wahrnehmung von Gefühlen scheint mir bis zum Tode ungetrübt möglich zu sein. So kann ich beispielsweise jederzeit spüren, ob mir Ablehnung oder aber Annahme entgegengebracht wird. Selbst wenn ich versteinert wirke, erlebe ich in meinem Inneren immer noch Gefühlsregungen. Wenn mich diese Gefühle mein ganzes Leben lang begleiten, dann habe ich zumindest über diesen Weg eine Chance, mir selbst näher zu kommen. Und mich anderen verständlicher zu machen.

Diese Gefühle erlebe ich auch immer wieder polarisiert – das heißt: wenn ich zum Beispiel das Gefühl Ablehnung wahrnehme, habe ich auch gleichzeitig mit dem Gegenpol Annahme zu tun. Diese Gegensätze tauchen in vielen verschiedenen Variationen auf. In vielen Situationen erscheint es so, als ob ich beide Seiten in einen Ausgleich bringen kann oder muss. Habe ich für mich einen Ausgleich erreicht, so werde ich friedlich und ruhig.

Lasst mich im Wald die Bäume sehen!

Naomi Feil geht in ihrem Buch *Validation* (1982/1990) davon aus, dass Menschen im Alter, wenn sie die Symptome der Demenz zeigen, nicht geklärte Momente und Situationen ihres Lebens zu bereinigen versuchen.

Dieser Auffassung kann ich weitgehend folgen. Ich möchte aber noch einen Schritt weitergehen und untersuchen, wieso ich dies mache und welche Auslöser hierfür verantwortlich sein könnten. Wenn ich meine Verstrickungen im Laufe meines Lebens betrachte, dann frage ich mich: welche Gefühle wurden dabei angesprochen, und: sind *sie* es vielleicht, die geklärt oder in Einklang gebracht werden müssen? Was geschieht, wenn diese Gefühle eine Klärung erfahren? Wenn ich diese Fragen beantworten will, muss ich mich tief in meine innere Welt begeben, in die Welt meiner Gefühle. Und dafür brauche ich den Mut zur Verwirrtheit. Und den brauchen auch Sie, wenn Sie mich dabei begleiten möchten.

Wenn ich Gefühlswelt und Denkfähigkeiten näher betrachte, bleibt es für mich unausweichlich, auf das zu schauen, was mein ganzes Leben prägt: meine persönliche Entwicklung. Bei dieser Betrachtung erscheint es mir wichtig, die Erfahrungen der Entwicklungspsychologie mit einzubeziehen.

Dabei beschränke ich mich aber nicht nur auf die gängigen Sichtweisen, sondern ich berücksichtige auch Randpositionen. Entwicklungsprozesse sollten meines Erachtens unter dem Aspekt der emotionalen Intelligenz und unter wissenschaftlich fundierten Aspekten betrachtet werden. Ein besonderes Augenmerk lege ich hierbei auf die polaren Gegensätze der einzelnen Gefühle in den jeweiligen Entwicklungsschritten. Auch scheint mir der Wunsch nach Einklang einer weiteren Betrachtung wert.

Lasst uns die Bäume sehen!

Fragen über Fragen!

Und erneut tauchen Fragen auf, die mir in meiner Arbeit mit meinem „verwirrten" Zustand immer wieder begegnen. Sind die von mir aufgenommenen und prägenden Gefühle ein nicht änderbarer Begleiter, also eher schicksalhaft? Was bewirken diese Gefühle, und greifen meine Mechanismen zur Bewältigung wirklich? Werden diese Mechanismen eventuell in meiner Demenz abgelegt? Welchen Sinn macht eventuell meine scheinbare Verwirrtheit? Wodurch wurde dieser Prozess in mir ausgelöst, und warum tritt er gerade im Alter in den Vordergrund?

Welche Faktoren spielen überhaupt bei mir im Alter eine größere Rolle? Der erste Faktor erscheint mir eindeutig: ich habe viel mehr *Zeit*. Um meine Freizeit anders zu gestalten, aber auch, um Gedanken nachzuhängen oder zur Ruhe zu kommen. Dieser letzte Punkt scheint mir besonders bedeutsam: im Laufe des Lebens hatte ich rückblickend nur selten die Möglichkeit, das Geschehen um mich herum genauer zu betrachten. Durch meine Aktivitäten wie Beruf, Haushalt und sonstige Verpflichtungen in der Freizeit war ich ständig beschäftigt. Und wenn ich dann einmal zur Ruhe hätte kommen können, wählte ich meist den Weg des Abschaltens, zum Beispiel durch Fernsehen, Radio oder andere Hobbys. Wirklich in Ruhe betrachten, was das Leben in meinem Umfeld beinhaltete, besonders in Hinblick auf die Personen, die mir nahe standen, dazu kam ich nur selten. Manchmal „halfen" mir Krankheiten oder spezielle Erlebnisse, einmal innezuhalten; doch sobald ich mich wieder besser fühlte, war ich schon wieder aktiv.

Dieses Innehalten scheint sich im Alter jedoch irgendwie aufzuzwingen. Trotz vieler Aktivitäten bleiben immer noch genügend Momente, um Rückblicke oder Ausblicke zu halten. Dies wird vielfach von der Außenwelt gar nicht wahrgenommen, selbst in meinem familiären Umfeld blieb dies verborgen. Da in meiner Familie über die für Beziehungen so wichtigen Aspekte – zum Beispiel meine Gefühle in gewissen Situationen – nicht gesprochen wurde, habe ich versucht, die aufkommenden Fragen mit mir selbst zu klären. So entstanden aber nicht wirkliche Lösungseffekte, die mich nach vorne brachten.

Damit kommt ein zweiter Faktor ins Spiel: meine *Einsamkeit*. Hierbei meine ich nicht nur die Einsamkeit, wenn kein Partner, keine Kinder oder keine anderen Personen da sind. Sondern die Einsamkeit im Gefühlsleben, die durch den Mangel an Kommunikation entstand, obwohl eigentlich ausreichend Menschen um mich herum waren. Nicht die tatsächliche Anwesenheit anderer Menschen ist von Bedeutung, sondern ob ein inneres Beziehungsgeflecht besteht und ob über bedrückende Themen gesprochen werden kann.

Manchmal ist mein Leben wie ein Wasserfall!

Wenn diese beiden Faktoren Zeit und Einsamkeit in Verbindung treten, werden dann dadurch Prozesse in mir wachgerüttelt? Bei meinem Rückblick kommen bereits vergessene, verdrängte oder wie auch immer abgelegte Traumata ans Licht. Es entsteht dann der Wunsch, diese zu lösen. Welchen Weg der Lösung beschreite ich? Habe ich die Möglichkeit, zwischen verschiedenen Wegen zu wählen, oder tritt hier auch wieder die Polarisierung in Kraft? Wieso machen mir gerade meine Gefühle so zu schaffen? Suche ich hier den schon beschriebenen Weg der Ausbalancierung? Was geschieht, wenn ich tatsächlich ins Gleichgewicht komme? Antworten auf diese Fragen kann ich nur bekommen, wenn ich den Mut zur Verwirrtheit aufbringe!

Wenn ich Ihr Interesse geweckt habe, dann begleiten Sie mich auf den Spuren der Verwirrtheit! Ich lade Sie ein zu einer etwas anderen Betrachtung von Menschen mit Demenz!

vfi – Verstehen Fühlen Inspirieren
Eine neue Methode in der Arbeit mit Dementen

Zunächst sollen die Rahmenbegriffe – „vfi", Demenz und Emotionale Intelligenz – definiert und anschließend das typisches Verhalten eines dementen Menschen an meinen eigenen Erfahrungen skizziert werden.

Definitionen

Unter dem Begriff *vfi* (verstehen, fühlen, inspirieren) ist eine Methode zu verstehen, die der Umgebung eines dementen Menschen helfen kann, ihn besser in seiner Befindlichkeit zu begleiten, besonders dann, wenn er seine Umwelt verändert wahrnimmt. Das vfi hilft Ihnen, mich besser zu verstehen, und mitzuempfinden, welche Gefühle bei mir vorherrschen, sowie mir Hilfestellung zu geben, für mich andere Perspektiven zu entwickeln. Dabei sind Wertschätzung, Respekt und Achtsamkeit ebenso wichtig wie das einfühlsame Verstehen meiner Sichtweise. Einverstanden sein mit mir, nicht unbedingt mit meinem Verhalten, ist eine weitere Richtschnur in dieser Methode. Diese Methode fordert von Ihnen Engagement und die Bereitschaft, sich auf neue Wege einzulassen.

Gemäß ICD-10 (DIMDI 1993/2005) versteht man unter *Demenz* „ein Syndrom einer meist chronischen oder fortschreitenden Krankheit des Gehirns mit Störung vieler höherer kortikaler Funktionen, einschließlich Gedächtnis, Denken, Orientierung, Auffassung, Rechnen, Lernfähigkeit, Sprache und Urteilsvermögen. Das Bewusstsein ist nicht getrübt. Die kognitiven Beeinträchtigungen werden gewöhnlich von Veränderungen der emotionalen Kontrolle, des Sozialverhaltens oder der Motivation geleitet, gelegentlich treten diese auch eher auf. Dieses Syndrom kommt bei Alzheimer-

Krankheit, bei zerebrovaskulären Störungen und bei anderen Zustandsbildern vor, die primär oder sekundär das Gehirn betreffen." (ebd., S. 298)

Der amerikanische Psychologe Peter Salovey (vgl. Salovey & Mayer, 1990) „gliedert die *emotionale Intelligenz* in fünf Bereiche:

1. Die eigenen Emotionen kennen. Selbstwahrnehmung – das Erkennen eines Gefühls, während es auftritt – ist die Grundlage der emotionalen Intelligenz. Die Fähigkeit, seine Gefühle laufend zu beobachten, ist entscheidend für die psychologische Einsicht und das Verstehen seiner selbst. Wer die eigenen Gefühle nicht zu erkennen vermag, ist ihnen ausgeliefert. Wer sich seiner Gefühle sicherer ist, kommt besser durchs Leben, erfasst klarer, was er über persönliche Entscheidungen wirklich denkt, von der Wahl des Ehepartners bis zur Berufswahl.

2. Emotionen handhaben. Gefühle so zu handhaben, dass sie angemessen sind, ist eine Fähigkeit, die auf der Selbstwahrnehmung aufbaut. Dazu gehört zum Beispiel die Fähigkeit, sich selbst zu beruhigen, Angst, Schwermut oder Gereiztheit, die einen beschleichen, abzuschütteln. Wer darin schwach ist, hat ständig mit bedrückenden Gefühlen zu kämpfen, wer darin gut ist, erholt sich sehr viel rascher von den Rückschlägen und Aufregungen des Lebens.

3. Emotionen in die Tat umsetzen. Emotionen in den Dienst eines Ziels zu stellen, ist wesentlich für unsere Aufmerksamkeit, für Selbstmotivation und Könnerschaft sowie für Kreativität. Emotionale Selbstbeherrschung ist die Grundlage jeder Art von Erfolg. Wer sich in den ‚fließenden' Zustand versetzen kann, ist zu herausragenden Leistungen jeglicher Art imstande. Was er auch unternimmt, er macht es produktiver und effektiver.

4. Empathie. Zu wissen, was andere fühlen – eine weitere Fähigkeit, die auf der emotionalen Selbstwahrnehmung aufbaut – ist die Grundlage der Menschenkenntnis. Hierzu gehören die Wurzeln der Empathie, die sozialen Kosten des mangelnden Unterscheidungsvermögens zwischen verschiedenen Emotionen und die Gründe, warum Empathie Altruismus hervorruft. Wer einfühlsam ist, vernimmt eher die versteckten sozialen Signale, die einem anzeigen, was ein anderer braucht oder wünscht.

5. Umgang mit Beziehungen. Die Kunst der Beziehung besteht zum großen Teil in der Kunst, mit den Emotionen anderer umzugehen. Die soziale Kompetenz ist die Grundlage von Beliebtheit, Führung und interpersonaler Effektivität." (Kammerer, 2004; vgl. auch Goleman, 1996/1997, S. 64ff.)

Sichtweise eines Betroffenen

Es fällt mir immer wieder sehr schwer, Angehörigen, Freunden und Bekannten deutlich zu machen, was es für einen Betroffenen bedeutet, an Demenz erkrankt zu sein.

Als Mensch brauche ich ein gesundes, funktionsfähiges Gehirn als Grundlage für mein seelisches Befinden und meine geistigen Fähigkeiten. Störungen oder Zerstörungen in meinem Gehirn haben also Folgen für mich im Ganzen. Eine schwer verständliche Besonderheit bei meiner Erkrankung ist, dass ich selbst mir meiner Erkrankung nicht immer bewusst bin. Wenn man mein Gehirn als Grundlage meines Bewusstseins annimmt, kann man sagen, dass ein Stück meiner Selbsterkenntnis, meines Selbstbewusstseins mit untergegangen und nicht mehr voll in meinem Bewusstsein sind.

Auffällig ist, dass ich meist meine Fassade recht gut aufrechterhalten kann. Ich mache zunächst nicht den Eindruck, dass ich anders bin. Ich unterhalte mich normal, bis Sie feststellen, dass ich zum Beispiel innerhalb von 15 Minuten schon fünf- oder zehnmal das Gleiche erzählt oder gefragt habe, dass ich zum Beispiel auf die Frage nach dem Wochentag oder Datum unsicher werde oder ablenke.

Die verwirrten Züge sind bei mir in den unterschiedlichsten Aspekten zu erkennen. Meine geäußerten Gefühle und Antriebe sind oftmals nur schwer zu verstehen. Eine der auffallenden und ersten Kennzeichen meiner beginnenden Demenzerkrankung ist – neben der Störung meiner Einprägefähigkeit und meines Kurzzeitgedächtnisses – die zunehmende Desorientiertheit der örtlichen, räumlichen, personenbezogenen und situativen Gegebenheiten. Verbunden mit anderen Einbußen geht auch zunehmend mein Gegenwartsbezug verloren. Ich bin immer weniger in der Lage, mich an der immer neu zu gestaltenden Gegenwart zu orientieren. Ich neige zunehmend stärker dazu, mich in meine Vergangenheit zurückzuziehen. Bei mir tauchen intensiv die Gefühle Einsamkeit, Angst und Nutzlosigkeit auf.

In Anlehnung an die entwicklungspsychologischen Modelle von Reich (1938/1995) und Lowen (1982) gehe ich davon aus, dass meine Lebensgeschichte in meinem Unterbewusstsein, in meinem Körper und in meinen Gefühlen gespeichert ist. Die Gefühle aus dieser Lebensgeschichte zeigen sich in meiner Körperhaltung, Körperbewegung und in meinem Körperbau wieder.

Mich zu verstehen, zu inspirieren und mir Hilfestellung bei der Bewältigung meiner Lebenskrise zu geben, ist eine Herausforderung für meine Umwelt – auch für Sie, den Leser, wenn Sie mich verstehen möchten! Ich suche immer vorrangig das Gefühl, gebraucht zu werden.

Meine Gedächtnisstörungen, die ich gefühlsmäßig als Unsicherheit und Orientierungslosigkeit erlebe, dieser Verlust meiner eigenen Biografie und damit des Gefühls der Kontinuität (ich war – ich bin – ich werde sein), Schuldgefühle und schlechtes Gewissen, Ausgeliefertsein an Stimmungen und bei allem das (zutreffende) Gefühl, keinen Boden unter den Füßen zu haben – all das macht mir Angst.

Da ich kaum durch Worte und Belehrungen, aber sehr gut durch eigenes Tun lerne und Erfahrungen machen kann, ist es sinnvoll, mich täglich anzuleiten, mich in meiner Umgebung und meiner Gemeinschaft neu zu orientieren. Hierbei ist es wichtig, dass ich das, was ich aufnehme, vor allem emotional erfahre. Nur in Verbindung mit einer emotionalen Brücke werden ich die neuen Orientierungen langfristig speichern können. Dadurch entstehen in mir wieder Selbstbewusstsein, Verantwortungsgefühl und Stolz.

Licht am Lebensende

In der Gruppe möchte ich soziale Fähigkeiten üben und Gemeinschaft humorvoll erleben. Mit der Zeit werde ich meinen „eigenen Platz“ erobern. Ich lerne wieder Interesse und Freude zu erleben, und komme so mehr und mehr „zu mir selbst“.

Der Schwerpunkt in der Arbeit meiner Begleiter liegt in meiner Wertschätzung, der Akzeptanz und der Bestätigung meiner Gefühle. Durch Transparenz nach außen und innen soll eine Begegnung mit mir und allen Beteiligten möglich sein. Der emotionale Zugang zu mir ist die Basis für Vertrauen und Geborgenheit.

Die Methode vfi in der Praxis
Anleitung zum Umgang mit Dementen

V wie Verstehen

Verstand und Gefühl werden bis heute einander als vermeintliche Gegensätze gegenübergestellt. Schon Einstein erkannte: „Der intuitive Geist ist ein heiliges Geschenk und der rationale Geist ein treuer Diener. Wir haben eine Gesellschaft erschaffen, die den Diener ehrt und das Geschenk vergessen hat."

Der Psychologe und Biologe Bas Kast schrieb unlängst dazu: „Allmählich aber, so scheint es, weiß man das Geschenk, von dem Einstein sprach, wieder etwas mehr zu würdigen. Nun jedoch den Verstand zu verteufeln und die Gefühle kritiklos zu verehren hieße allerdings, in den umgekehrten Fehler zu verfallen. Verstand und Gefühl haben beide ihre Stärken. Wann also sollte man sich auf sein Gespür verlassen – und wann den Kopf einschalten? Regel Nummer eins: Wer bereits Erfahrung auf einem Gebiet hat, kann sich meist auf sein Bauchgefühl verlassen. Ist man dagegen ein blutiger Laie, profitiert man oft davon, sich mehr Zeit zu lassen, sich ausführlicher und bewusst mit der Situation auseinander zu setzen. ... Regel Nummer zwei: Je unübersichtlicher die Situation, desto öfter versagt die Analyse – und die Intuition entwickelt Vorteile." (Kast, 2006, Abs. 48-50)

Sentimentale Erinnerung

Sind meine Emotionen einem Ereignis gegenüber gleich geblieben, wird auch die Erinnerung daran akkurat wiederhergestellt. Haben sich die Gefühle jedoch geändert, überschreibe ich meine Erinnerung mit Details, die es tendenziell in Richtung der aktuellen Gefühle verzerren. Eine objektive Erinnerung gibt es also von Natur aus bei mir nicht.

Doch was passiert genau, wenn die gefühlsneutralen Informationen von Augen, Ohren und Haut auf dem Weg ins Gehirn emotional eingefärbt werden? Wie kommt es zu Motivation, Aufmerksamkeit und Euphorie, aber auch zu Angst, Wahn und Zwang bei mir? Meine These: Ein komplizierter Schaltkreis im Gehirn verbindet bewusste mit unbewussten Elementen und lässt so ein für mich stimmiges Gefühl entstehen.

Schritt für Schritt dem Licht entgegen!

Bei mir tauchen oft sentimentale Erinnerungen auf, die aus meiner Vergangenheit stammen, aber auf die jetzige Situation übertragen oder mit ihr vermischt werden. In meinem Handeln ist immer wieder mein Versuch zu entdecken, eine Lösung herbeizuführen. Entsteht keine Lösung – was im Alltag oft der Fall ist, durchlebe ich die jeweilige Situation wie auch meine Verhaltensweise, Gestik, Mimik und alles, was dazu gehört, immer wieder von Neuem. Jede logische Zuwendung von außen scheitert und frustriert meine Mitmenschen, und ich bleibe mit meinen Lösungsansätzen zurück.

Es scheint mir an dieser Stelle hilfreich, Lebensprozesse bzw. einzelne Entwicklungsschritte genauer zu betrachten. Diese Sichtweise erlaubt eine Annäherung daran, welche Bedeutung meine jeweilige Verhaltensweise im Einzelfall haben könnte. Und vor allem: warum gewisse Verhaltensweisen immer wieder auftreten, obwohl sie oft jeder Logik zu widersprechen scheinen.

Entwicklungsschritt 1: Willkommensein

In diesem Entwicklungsschritt geht es um die Verbindung zu den wichtigen Menschen in meinem Leben: Mutter, Vater, Geschwister, Großeltern und Personen, die im Laufe des Lebens für mich sehr wichtig werden. Gerade von ihnen wünsche ich mir Annahme, zu ihnen möchte ich dazu gehören.

Alle Erfahrungen die ich als Kind, Jugendlicher oder Erwachsener erlebe, sind von bleibender Bedeutung. Ich erlebe Annahme, aber auch Ablehnung und alle Nuancen zwischen diesen beiden Polen. Diese Gefühle sind dann bei mir gespeichert, körperlich, seelisch und geistig.

Je mehr das Handeln der an meiner Entwicklung beteiligten Personen im Einklang mit meinem eigenen Empfinden ist, desto weniger entwickeln sich Eindrücke, die für meinen Lebensprozess ungünstig wirken können. Ich fühle mich dazu gehörig, passend in diese Welt, nicht „verkehrt". Im umgekehrten Fall entwickle ich je nach Ausprägung, Sehnsüchte, die mich ein Leben lang begleiten und emotional von mir abgespeichert werden. In meiner Demenz werde ich dann diese sentimentalen Erinnerungen eventuell mit den realen Begebenheiten vermischen oder mich von ihnen abkoppeln. So wie für mich die Gefühle Bedeutung haben.

Wünscht mich beispielsweise eine mir wichtige Person – aus welchen Gründen auch immer – nicht länger in ihrer Nähe, so werde ich diese Tatsache fühlen, egal wie alt ich bin, und eine verstärkte Ablehnung erfahren und für mich Mechanismen entwickeln, um diese Situationen einigermaßen gut zu überstehen. Diese Mechanismen werden in Verbindung mit der Ablehnung körperlich, geistig und seelisch abgespeichert. Treten in meinem Leben ähnliche Situationen auf – und das werden sie mit großer Wahrscheinlichkeit –, so werde ich mit den gleichen Mechanismen reagieren und zwar meist unbewusst. Werde ich mir dieser Tatsache bewusst, so kann ich Wege finden, auf Situationen angemessen zu reagieren (Emotionale Intelligenz Stufe 2+3). Ich brauche als dementer Mensch hierzu Hilfestellungen auf der emotionalen Ebene.

Andernfalls ziehe ich mich völlig zurück und kann mich nur dann öffnen, wenn ich eine Hilfestellung erhalte, die es mir ermöglicht, emotional zu erfahren, dass meine Sehnsüchte sehr wohl erfüllt werden können. Jedoch bestimmen nicht die Menschen in meinem Umfeld, wie und ob dies zu Stande kommen kann, sondern nur ich selbst. Deshalb gibt es kein Patentrezept, das bei bestimmten Situationen herangezogen werden kann, sondern immer ein auf meine aktuellen Gefühle ausgerichtetes Verhalten. Sehr wohl gibt es viele Möglichkeiten, neue emotionale Eindrücke bei mir zu schaffen.

Entwicklungsschritt 2: Geborgenheit

In diesem Entwicklungsschritt erwarte ich, dass ich von Liebe genährt werde und mich geborgen fühlen kann.

Als Kind und als Erwachsener erlebe ich Situationen, in denen ich nicht in der Lage bin, selbstständig zu handeln und zu leben; es entsteht sogar zeitweise eine gewisse Abhängigkeit von den Personen, die mir wichtig sind. Geborgenheit, Sicherheit und Schutz brauche ich in solchen Erlebnissen, um meine Ängste zu überwinden.

Um selbstständig zu werden, brauche ich den Schutz der Eltern oder anderer Personen, die mich auf meinem Weg geleiten. Es ist wichtig, dass ich mich den Gefahren stelle und erkenne, dass jemand im Hintergrund mich absichert und mir Stabilität gibt. Angst darf erlebt werden, damit ich lerne umzugehen. Ist eine unangenehme Situation entstanden, brauche ich Trost und Schutz.

Ich brauche viel Zuwendung und Liebe auf dem Weg zur Selbstständigkeit. Erhalte ich diese nicht, so fehlt mir die Geborgenheit. Erlebe ich hingegen, dass ich zu stark verwöhnt werde und man mir ständig Aufgaben abnimmt, so werde ich nicht wirklich selbstständig.

In meiner Demenz erlebe ich Gefühle des Verlassensseins, des Nichtwissens, was und wie ich es tun soll, der Hoffnungslosigkeit – all dies sind Erlebnisformen, die aus meiner Entwicklung unter dem Aspekt der Geborgenheit herrühren können. Ständig fordere ich die mich umgebenden Personen auf, für mich etwas zu tun. Ist es dann getan, fordere ich weitergehende Unterstützung ein, ohne das Gegebene wirklich anzunehmen. Oftmals suche ich auch starken körperlichen Kontakt. Mir tut es gut, wenn man mich umarmt und körperliche Streicheleinheiten gibt.

Oft drück ich Ängste aus, auch verbunden mit Vorstellungen, die nicht meinem Erleben entsprechen. Andere Menschen oder Tiere vermute ich manchmal unter meinem Bett oder nebenan in einem Zimmer, hinter Gardinen und Ähnlichem. Dann fordere ich die Menschen in meinem Umfeld zur Achtsamkeit oder zum Entfernen auf. Ich brauche dann eine gezielte Unterstützung, um meine Angst bewältigen zu können und dies emotional neu zu speichern. Das, was ich suche, wonach ich mich sehne, wird mir Stück für Stück zurückgegeben.

Entwicklungsschritt 3: Selbstbehauptung

Ich erkenne mein eigenes Ich und beginne mich langsam aber stetig von den wichtigen Personen zu lösen, hin zur größeren Selbstständigkeit. Dies geschieht sowohl in der Kindheit als auch im Erwachsensein. Wichtig für die Ich-Findung sind Rahmenbedingungen, an denen ich mich orientieren kann, die mich aber gleichzeitig nicht einengen. Vielmehr ist es notwendig zu erkennen, welche Unterstützung und welche Freiheit ich brauche, um mich selbst in dieser Welt zu behaupten.

Einengung erzeugt Widerstand, und zu große Freiheit wiederum erfordert Grenzsetzungen. Damit die Entwicklung des Ich gut gelingen kann, wende ich mich verstärkt den Personen zu, die Schutz und eine Stütze geben und mir einen Rahmen aufzeigen.

Die Erfahrungen mit dominanten und schwachen Personen prägen mein eigenes Bild. Kann ich mich gegen dominante Personen nicht durchsetzen, lerne ich erdulden und gleichzeitig innerlichen Widerstand, der nicht heraus darf. Überwiegen schwache Personen in meiner Lebensprägung, so kenne ich oft nicht die Grenzen und übe selbst starken Druck aus, obwohl ich das eigentlich gar nicht will.

Chaos und Ordnung sind Wegbegleiter bei der Ich-Findung. Die Maßstäbe für Ordnung werden durch mein Erleben und die jeweilige Zuordnung geformt. So habe ich beispielsweise gelernt, dass Sauberkeit, gut und viel Essen und Ordnung wichtig sind. Ich glaube, nur dann geliebt zu werden, wenn ich diesen Tugenden entspreche.

Was bedeutet dies für Ihre Arbeit mit mir? Ich nehme oftmals eine Haltung des Erduldens ein. Ich lasse vieles über mich ergehen. Ich glaube dann, dass dies zu meinem Schicksal gehört, und ich bin auch nur schwer dazu zu bewegen, an Aktivitäten teilzunehmen. Ich döse oftmals den ganzen Tag vor mich hin, scheinbar ohne mein Umfeld wahrzunehmen. Ich bewahre diesen Zustand, da ich nicht glaube, dass sich daran etwas ändern könnte.

Oftmals erleben die Menschen um mich herum keine Reaktionen bei mir auf ihr Handeln hin, aber ganz unvorhersehbar reagiere ich dann plötzlich aggressiv und wütend. Dies ist ein Zeitpunkt, den mein Umfeld nutzen könnte, um mich in meiner Beweglichkeit zu fördern und zu stärken. Dafür ist es erforderlich, meine Aggression zunächst zuzulassen und zu bestärken, mir also das Gefühl zu geben, dass es erlaubt ist, wütend zu sein. Fühle ich mich dann in meiner Situation angenommen, so ist es meist möglich, mich weiter in dem Zustand der Beweglichkeit zu lassen und mich für andere Aktivitäten zu gewinnen. Es ist wichtig für mich zu spüren, dass ich mich verändern darf. Mein Verhalten sollte dann durch die passenden verbalen Berührungen (s.u.) verstärkt werden. Ich werde dies emotional neu speichern.

Entwicklungsschritt 4: Selbstbewusstsein

Im Laufe des Lebens entwickelt der Mensch folgendes positive Denkmuster, wenn er lernt zu geben, ohne ausgenutzt zu werden: Ich darf meine Verletzlichkeit zeigen. Ich muss niemanden beeindrucken. Ich darf Bedürfnisse haben. Ich werde um meiner selbst willen geschätzt. Niemand will mich ausnutzen oder unterdrücken. Ich darf schwach sein. Ich darf mich fallen lassen.

Wenn das Geben jedoch mit Bedingungen verknüpft ist, dann ergeben sich folgende Denkmuster: Nur wenn ich gut bin, werde ich auch geliebt und angenommen. Ich muss beweisen, dass ich etwas Besonderes bin. Wenn ich Schwäche und Bedürftigkeit zeige, werde ich missbraucht. Ich darf mich niemandem hingeben. Ich darf niemanden zu nahe kommen lassen. Ich kann niemandem vertrauen, außer mir selbst. Ich muss überlegen sein. Ich darf nicht aufgeben. Das Leben ist ein Kampf. Mich kann keiner verletzen. Ich werde es allen zeigen. Ich bin der Stärkere.

Eigene Ideen entstehen in meinem Kopf, wobei der Blick intensiv auf die Bezugspersonen gerichtet ist. Sie dienen mir als Vorbild für meinen eigenen Weg. Alle Anteile sind dabei gleichgewichtig. Mein Selbstbewusstsein entwickelt sich.

Was bedeutet dies für meine Umgebung im Umgang mit mir, dem dementen Menschen? Demente Persönlichkeiten sind oftmals nicht bereit, sich auf Behandlungen einzulassen. Es beginnt eventuell bei der Körperpflege, die ich nicht ohne Widerspruch oder Gegenwehr hinnehme. Ich kann mich nicht einfach hingeben, da dies für mich eine große Gefahr bedeutet, die Kontrolle zu verlieren. Ich versuche auch ständig, Regelungen zu treffen, die die Menschen um mich herum klar zu befolgen haben. Werde ich von ihnen dann aufgefordert, dies zu unterlassen, so treten oftmals aggressive Verhaltensweisen bei mir auf. Dies kann dazu führen, dass ich eine ganze Gruppe durch Drohgebärden unter Druck setzte. Meine Angst, die Macht zu verlieren, also ohnmächtig zu werden, kann und will ich nicht zulassen. Nur wenn ich in dieser Phase das Gefühl behalte, dass ich die Macht nicht verliere, bin ich bereit, meine Aggression abzubauen.

Wenn die Menschen um mich herum begreifen, dass dieses Verhalten eher durch Angst als durch wirkliche Stärke geprägt ist, haben sie die Möglichkeit, diese Züge bei mir gut zu verstehen und können somit ein positives Verhältnis zu mir aufbauen. Ich mit meinen Charakterzügen brauche Anerkennung und Distanz, tief in meinem Inneren möchte ich anerkannt werden, nur um meiner selbst willen. Wenn ich die Anerkennung bekomme, nach der ich suche, habe ich die Möglichkeit, mich emotional zu ändern.

Meine nicht ausgelebten, aber sehr wohl vorhandenen sexuellen Bedürfnisse finden im Alter eine neue Dimension. Manchmal störe ich mich nicht mehr an meiner Umgebung und lasse den Bedürfnissen freien Lauf. Öffentliche Selbstbefriedigung, Schamverlust und sogar Zurschaustellung sind Begleiterscheinungen meiner veränderten Anschauung der Sexualität. Der nicht erlaubte Widerstand und meine unterdrückte Sexualität in der Pubertät lebe ich jetzt aus. Auch Übergriffe gegenüber fremden Personen, das Fassen an den Busen sind ein immer wiederkehrendes Phänomen bei mir, was auf nicht ausgelebte sexuelle Bedürfnisse hindeutet.

Entwicklungsschritt 5: Selbstständigkeit

Im Leben kann sich auch folgende Entwicklung mit ihren Denkmustern durchsetzen: Ich darf alles fordern, was ich will. Ich bin von großem Wert. Ich darf mich hingeben. Ich muss nichts beweisen. Ich darf berühren und mich berühren lassen. Ich darf Fehler machen. Ich darf mich ausruhen. Ich werde geliebt, wie ich bin. Diese kindlichen Ansprüche helfen, damit man nicht so schnell erwachsen wird.

Denn wenn man zu schnell erwachsen werden muss, dann zeigen sich folgende Denkmuster: So, wie ich bin, werde ich nicht geliebt. Show ist alles. Ich muss etwas leisten. Nur, wenn ich bewundert werde, kann ich vielleicht geliebt werden. Ich muss etwas tun. Keiner versteht mich. Ich brauche meine Freiheit. Ich muss aufpassen. Leben ohne Aktion ist langweilig. Ich werde leicht übersehen.

Auf dem Weg zur Selbstständigkeit brauche ich viel Freiraum. Meine Beziehungen zu männlichen Bezugspersonen spielen hierbei eine große Rolle. Ich erwarte Unterstützung in meiner Entwicklung. Zu große Erwartungshaltungen an mich führen meist zu einem enormen Druck. Ich glaube dann, nur wenn ich Leistung bringe, werde ich geliebt.

Meine Bedürfnisse und Wünsche finden oft kein Gehör. Von mir werden Lösungen von Aufgaben gefordert, die nicht immer meinem wirklichen Entwicklungsstand entsprechen. Auch wird fehlerhaftes Verhalten nicht gebilligt.

Leben ist im Fluss, ist Veränderung und Wandel

Manchmal zeige ich auch die Tendenz zu übertriebenem Verhalten. Ich glaube, wenn ich etwas ganz Besonderes bin, dann lieben die Menschen mich. Ich muss mich zeigen, sonst werde ich übersehen. Dieses Denkmuster zeige ich oft in theatralischen Auftritten. Da, wo sonst ein ganz lockeres Verhalten angezeigt ist, zeige ich übertriebene Verhaltensweisen bis hin zu einer schauspielerischen Leistung oder einem Szenario, das nur ja alle mitbekommen sollen.

Ich brauche um mich herum ständig Aktionen. Das bedeutet: wenn hier nichts geboten wird, dann suche ich mir einen anderen Platz, an dem mehr los ist. Wer versucht, mich dabei einzuengen, erlebt einen ständigen Widerstand.

Was bedeutet dies für die Menschen um mich herum? Weil ich in meiner Verwirrtheit scheinbar keine Orientierung habe, werde ich reglementiert und in meinem Bewegungsdrang oft massiv eingeschränkt. Genau das Gegenteil strebe ich aber an. So kommt es dann sehr oft zu verbalen oder körperlichen Auseinandersetzungen, die in riesigen Wutausbrüchen enden können. Wenn das Moment der Show noch hinzukommt, stehen die Menschen in meinem Umfeld der Situation oft hilflos gegenüber. Ist es ihnen gelungen, mich von meinem Tun abzuhalten, so wiederhole ich solche Szenen mit einer großen Wahrscheinlichkeit, mit noch größerem Aufwand. Nicht das Ablenken von meinen Tätigkeiten bringt wirkliche Beruhigung, sondern das Erkennen des dahinter liegenden Gefühls ist wichtig, um damit gezielt auf meine Bedürfnisse einzugehen. Werden meine Bedürfnisse erfüllt, kann ich von meinem Vorhaben ablassen.

In den Anfangsphasen meiner Demenz erlebe ich oft, dass ich Fehler begehe, indem ich irgendetwas vergesse oder verlege oder Geschichten zum wiederholten Male erzähle. Werde ich dann auf meine Fehler hingewiesen, streite ich diese vehement ab und finden Lösungsansätze, die mich entlasten und stattdessen anderen Personen die Schuld zuweisen. Werde ich dann auf dieses Verhalten hingewiesen, so kommt es zu den bereits beschriebenen Szenen. Ich brauche die Hilfestellung meines Umfelds zur Erlangung meiner Bedürfnisse. Erst dann kann ich mich wieder neu orientieren.

Rückblenden als Lösungsversuch

Das hohe Alter ist die Zeit des Rückblicks, der Besinnung, der Ruhe und der Gelassenheit. Wenn ich froh auf mein Leben zurückblicken kann, suche ich Aufgaben in meiner Lebensbewältigung und Spiritualität, wie immer sie auch aussehen mag.

Wenn meine kognitiven Ausfälle beginnen, ist die Möglichkeit der Verdrängung von Gefühlsanteilen für mich immer schwieriger. Stück für Stück gewinnen die emotionalen Anteile an Raum. Sie bestimmen immer mehr mein Handeln. Normale Tätigkeiten, Gedanken und Wahrnehmungen verlieren sich. Rückblenden zum vergangenen Leben, die in den emotionalen Anteilen meines Gehirns gespeichert sind, werfen neue Perspektiven auf das Erlebte.

Das Leid, das mir von jemandem zugefügt wurde, oder auch das, was ich selbst zugefügt habe, wird wieder deutlich. Beginnt jetzt mein Versuch der Aufarbeitung?

Je einsamer ich mich fühle, desto mehr scheint die Vergangenheit Oberhand zu gewinnen. Da ich oft glaube oder erfahren habe, dass mein Umfeld mich nicht versteht, entferne ich mich immer weiter von dieser Realität und begebe mich in meine eigene innere Welt. Im Laufe der Zeit verschmelze ich immer mehr mit meiner Vergangenheit. Außenstehende, auch meine eigenen Kinder und meine Partnerin, verlieren zunehmend den Zugang zu mir. Stück für Stück gewinnt die kognitive Verwirrtheit an Kraft. Real sind für mich nur noch meine eigenen Gefühle, Gedanken und Sichtweisen. Ich erlebe jetzt meine eigene innere Welt als real und lehne Einmischungen – durch Übertragungen von einer anderen Welt – ab.

Wie sieht diese innere Welt aus? Der „Lösungsansatz" ist ähnlich zu sehen wie die Reise mit einer imaginären Zeitmaschine. Auf einer solchen Reise kann ich mich auch in die Vergangenheit zurück bewegen und als außen stehender Betrachter sehen, was in meinem Leben alles geschehen ist. Bei ungünstigen Erlebnissen taucht dann die Frage auf: wie kann ich dies eventuell ändern? Die Lösung für den außen stehenden Betrachter ist einfach: Wenn das Ungünstige noch nicht geschehen ist, dann kann ich eine Änderung zum Positiven hin einbauen, und dieses positive Verhalten wird dazu führen, dass die ungünstige Situation nicht eintritt! Bei diesem Erleben haben nicht reale Bilder Bedeutung. Die Bilder aus meiner Vergangenheit werden so vermischt, wie sie für mich nötig sind.

Die Suche nach neuen Ideen

Wie können solche Bilder aussehen? Zum einen erlebe ich Bilder aus meiner Vergangenheit wieder. Gleichzeitig strömen aber auch die Bilder aus der jetzigen Realität auf mich ein. Besonders dann, wenn ich aufgefordert werde, zur jetzigen Realität Stellung zu beziehen. Hier entstehen dann zum Teil neue Bilder, die eher einem verworrenen Traum als der Realität gleichen.

In einer solchen Situation kann es vorkommen, dass ich klare Sätze formuliere, auch sinnvolle, aber Personen völlig verkenne. In der gegenüberstehenden Person nehme ich beispielsweise die bereits lange verstorbene Mutter wahr, den Vater oder einen anderen Menschen, der in mein Bild, meine Vergangenheit gehören. Eine umgekehrte Situation kann ebenso entstehen, also eine Verkennung der Situation, aber eine klare Zuordnung der Personen. Und Mischungen aus allem sind ebenso möglich.

F wie Fühlen

Wenn meine eigene Wahrnehmung und die Wahrnehmung der Menschen um mich herum nicht wirklich deckungsgleich sind, ist es sinnvoll, Wege der Verständigung zu suchen, damit wir wieder miteinander in Aktion treten können. Wenn ich zum Beispiel Wahrnehmungen habe, die in der Vergangenheit liegen, ich sie aber für die jetzige Realität halte, dann ist es für meine Umgebung wichtig, meine Verhaltensweisen und Gefühle zu erkennen und zu deuten, damit wir wieder eine gemeinsame Basis für ein Miteinander haben.

Vergangenheit und Gegenwart von Bildern werden in dem Gehirnteil, der für die Bilderstellung verantwortlich ist, überhaupt nicht unterschieden. Lediglich mein denkendes Gehirn könnte mir sagen, das verschiedene Bilder nicht der Gegenwart entsprechen. Aber hierauf habe ich zurzeit keinen Zugriff. Deshalb sind alle meine Bilder, die in mir entstehen, jetzt real. Und ich fühle alles so, als geschehe es jetzt in diesem Augenblick. Um einen

Zugang zu meiner eigenen „Realität" in solchen Phasen zu erhalten, muss meine Umgebung auf meine Gefühle achten.

Wie fühlen wir?

„Langsam entdecken Neurowissenschaftler derzeit jene Hirnstrukturen, die uns fühlen lassen. Im Mittelpunkt steht das so genannte limbische System, ein Netzwerk aus zahlreichen Hirnregionen, die stammesgeschichtlich zu den älteren gehören und unter der Großhirnrinde liegen. Es ist vor allem für das unbewusste Verarbeiten und Bewerten von Emotionen zuständig. Die bewusste Verarbeitung findet vorwiegend im präfrontalen Cortex statt. Zum limbischen System zählen auch die beiden Mandelkerne nahe der Ohren ebenso wie der insuläre Cortex und ein Gebiet im Hirnstamm, das man als ‚Belohnungssystem' bezeichnet und dessen Aktivität mit guten Gefühlen einhergeht." (Kast, 2006, Abs. 53)

Emotionale Reaktionen wie auch Erinnerungen können ohne Beteiligung des Bewusstseins entstehen. Erstaunlicherweise kann tatsächlich das emotionale System – nicht nur in unserer Wahrnehmung, sondern auch anatomisch – völlig unabhängig von dem funktionieren, was wir als „Verstand" bezeichnen, lokalisiert im präfrontalen Cortex. „Der Mandelkern kann Erinnerungen und Reaktionsmuster enthalten, die wir umsetzen, ohne recht zu wissen, warum, weil die Abkürzung vom Thalamus zum Mandelkern den Neokortex völlig übergeht. Deshalb kann der Mandelkern emotionale Eindrücke und Erinnerungen bewahren, von denen wir nie bewusst Kenntnis genommen haben." (Goleman, 1996/1997, S. 68) „Es kommt zwar vor, dass emotionale Erinnerungen ins Bewusstsein gelangen, doch viele führen zu Handlungen, ohne dass wir uns ihrer bewusst erinnerten." (LeDoux, 1996/1998, S. 38)

„Es sind unsere primitivsten und stärksten Gefühle, die den direkten Weg über den Mandelkern nehmen." (Goleman, 1996/1997, S. 69) In meinen Verhaltensweisen spiegeln sich genau diese einfachen Strukturen wider. Ich ziehe mich zurück, ich schreie, ich jammere, ich rufe, ich suche, ich beschäftige mich, ich verdränge, ich laufe davon, ich weine und vieles mehr. Um konkrete Veränderungen in meinem Verhalten zu bewirken, bedarf es zuerst der Suche nach den Gefühlen, die mich beeinflussen.

Die Wahrnehmung der Gefühle

Genau wie jeder andere Mensch behalte ich bis zu meinem Lebensende die Fähigkeit, Gefühle wahrzunehmen. Wenn man auch oftmals keine Möglichkeit mehr hat, über die Sprache oder die gedankliche Ebene mit mir in Kontakt zu treten, so bleibt doch immer noch der Zugang über meine Gefühle.

Dafür ist es aber notwendig, dass andere Menschen als meine Begleiter sich ihrer eigenen Gefühle und der Wirkung ihres Handelns auf meine Gefühle bewusst werden. Sie erkennen damit ihre eigenen Befindlichkeiten, die auch meine Befindlichkeiten sein können (Stufe 1 der Emotionalen Intelligenz nach Salovey & Mayer, 1990).

Die Bioenergetik beschreibt, dass meine Gefühle aus meiner Lebensgeschichte nicht nur im geistigen oder seelischen Bereich, sondern auch im körperlichen Bereich gespeichert sind und sich in meiner Körperhaltung, Körperbau und Bewegung zeigen. Wenn diese These von Wilhelm Reich (1939/1995)und Alexander Lowen (1982) stimmt, dann muss es für die Menschen in meiner Umgebung möglich sein, meine Gefühle wahrzunehmen, indem sie so exakt wie möglich meine Körperhaltung und Bewegung nachahmen (spiegeln).

Dies können sie in 3 verschiedenen Varianten versuchen: (a) indem sie mich sehen und mich nachahmen; (b) indem sie mich ganz genau beobachten, sich dann zurückziehen und mich nachahmen, ohne dass ich dabei bin (weil es mich vielleicht stören könnte); (c) indem sie die Spiegelung nur gedanklich vornehmen, jedoch mit einer starken Konzentration auf die meine Gefühlswahrnehmungen (Stufe 4 der Emotionalen Intelligenz nach Salovey & Mayer, 1990). Über die Nachahmung meiner Körperhaltungen und Körperbewegungen lernen andere Menschen meine Gefühle in meiner Verwirrtheit wahrzunehmen (vgl. 1. Technik der Verbalen Berührungen, s.u.).

Wahrgenommene Gefühle ausdrücken

Haben die Menschen in meiner Umgebung meine Gefühle erkannt, so bietet sich die Möglichkeit an, sie so anzusprechen, wie sie von ihnen wahrgenommen wurden. (Beispiel: „Ich fühle, dass Sie sehr traurig sind“ oder „ich nehme wahr, dass Sie sich sehr ärgern“). Stimmt diese Wahrnehmung mit meiner eigenen überein, so werde ich mich verstanden fühlen und das zeigen. Sollte die Wahrnehmung anderer meinem Gefühl nicht entsprochen haben, so werde ich nicht reagieren, weil ich mit etwas ganz anderem beschäftigt bin.

Es erfordert also ein gewisses Training, bis meine Begleiter in der Lage sind, in den meisten Fällen meine Gefühlslage zu erkennen. Es macht auch Sinn, dies zu trainieren, da es eine große Chance beinhaltet, wirklichen Kontakt mit mir aufzunehmen. Wenn ich mich emotional verstanden fühle, entsteht wirklicher Kontakt.

Wie können Sie diesen Kontakt vertiefen? Hinter dem erkannten Gefühl steckt oft auch gleichzeitig ein noch tieferes Bedürfnis. Eine Sehnsucht, die nach Erfüllung, nach Ausgleich oder einem anderen Bedürfnis sucht, ein selbst mir verborgenes Gefühl. Lowen (1982) hat hierzu herausgefunden, dass verschiedene Gefühle zu einem größeren Bedürfnis oder einer größeren Sehnsucht zuzuordnen sind. Indem diese Gefühle bei mir verbalisiert werden, können die Menschen in meiner Umgebung eine emotionale Berührung zwischen uns herstellen und vertiefen somit diese Beziehung. Durch diese vertiefte Beziehung wird es mir möglich, auf einer gemeinsamen emotionalen Ebene mit ihnen zu agieren. (Beispiel:

Ich fühle mich willkommen bzw. dazugehörig; vgl. 2. Technik der Verbalen Berührungen, s.u.).

Lasst uns die Nebel lichten!

Verbale Berührungen 1: Willkommensein

„Ich bin unerwünscht; Ich bin ein Fremder in einer fremden Welt; Die Welt ist ein feindseliger Ort; Mir graut vor der Zukunft; Ich bin verkehrt; Ich darf keine Bedürfnisse haben; Ich kann niemanden vertrauen, mir selbst am wenigsten."

Menschen, die diese Aussagen über sich machen, können mit folgenden Verbalen Berührungen erreicht werden: „Alles in Ihnen ist menschlich; Sie sind willkommen; Alles, was Sie fühlen, ist natürlich; Sie brauchen vor nichts in Ihnen Angst zu haben; Sie gehören hierher; Es ist OK zu fühlen; Ich möchte, dass Sie gut zu sich sind; Mit Ihnen ist nichts verkehrt".

Verbale Berührungen 2: Geborgenheit

„Ich bekomme niemals, was ich brauche; Ich bekomme nie genug; Ich kann nicht; Ich brauche Hilfe; Niemand ist für mich da; Ich stehe alleine da; Irgendwann habe ich niemanden mehr; Ich bin auf andere angewiesen; Ich kann alles allein; Bevor mich jemand verlässt, verlasse ich ihn; Immer wenn ich jemanden brauche, werde ich im Stich gelassen."

Menschen, die diese Aussagen über sich machen, können mit folgenden Verbalen Berührungen erreicht werden: „Ich bin jetzt für Sie da; Ich werde Sie unterstützen; Sie können haben, was Sie brauchen; Ich werde Sie halten; Ich helfe Ihnen, einen Weg zu finden; Es ist OK, Bedürfnisse zu haben; Sie brauchen nicht alles allein zu machen; Ich helfe Ihnen, stark zu sein; Es ist OK, Unterstützung anzunehmen".

Verbale Berührungen 3: Selbstbehauptung

„Ich darf mein Nein nicht zeigen; Ich muss meinen Ärger verdrängen; Ich muss die Wut herunterschlucken; Ich bin wertlos; Ich verachte mich; Ich mache alles verkehrt; Mir geht es schlechter als allen anderen; Ich bin ein hoffnungsloser Fall".

Menschen, die diese Aussagen über sich machen, können mit folgenden Verbalen Berührungen erreicht werden: „Sie sind liebenswert; Ich werde Sie nicht verletzen; Es ist OK, ärgerlich zu sein; Sie können sich verändern; Es ist OK, Ihre Gefühle auszudrücken; Alles was Sie fühlen ist OK; Es ist OK zu fordern, was Sie wollen; Sie brauchen nicht unglücklich zu sein".

Verbale Berührungen 4: Selbstbewusstsein

„Ich muss überlegen sein; Ich muss etwas Besonderes sein; Ich darf nicht aufgeben; Ich darf mich niemandem hingeben; Ich kann niemandem vertrauen, außer mir; Das Leben ist ein Kampf; Ich darf niemanden zu nahe kommen lassen; Mich kann keiner wirklich verletzen; Ich werde es allen zeigen; Ich bin der Stärkere."

Weg aus Einsamkeit und Gefühlskälte

Menschen, die diese Aussagen über sich machen, können mit folgenden Verbalen Berührungen erreicht werden: „Sie sind wichtig; Sie können die Distanz zwischen uns bestimmen; Es ist OK, verletzt zu sein; Sie brauchen mich nicht zu beeindrucken; Ich schätze Sie; Es ist OK, für sich selber zu sorgen; Ich will keine Macht über Sie; Ihre Bedürfnisse sind wichtig; Ich werde Sie nicht ausnutzen; Nehmen Sie sich Zeit."

Verbale Berührungen 5: Selbstständigkeit

„So, wie ich bin, werde ich nicht geliebt; Ich muss etwas leisten; Ich muss etwas tun; Keiner versteht mich; Ich brauche meine Freiheit; Ich muss aufpassen; Das Leben ohne Aktion ist langweilig; Ich werde leicht übersehen; Ich werde nicht gehört."

Menschen, die diese Aussagen über sich machen, können mit folgenden Verbalen Berührungen erreicht werden: „Ich höre Ihnen zu; Ich sorge mich um Sie; Sie brauchen mir nichts zu beweisen; Sie sind perfekt so wie Sie sind; Sie brauchen nichts zu tun, um geliebt zu werden; Es ist OK, Fehler zu machen; Sie können so viel Aufmerksamkeit haben wie Sie wollen."

I wie Inspirieren

Das Gespräch

Die Gesprächsführung der Methode vfi bietet für die interne und externe Kommunikation eine ideale Grundlage, da das Individuum, also ich, im Mittelpunkt der Betrachtung steht.

Carl Rogers (1959/1987) zufolge ist der Mensch bestrebt, unabhängig zu sein und sich selbst zu verwirklichen. Dies geschieht in einer liebevollen und verständnisvollen Umgebung. Der Gesprächsführer, also mein jeweiliger Begleiter, sollte hierbei als Partner fungieren.

Die nachfolgenden Aspekte haben hierbei eine besondere Bedeutung.

Wertschätzung und Achtsamkeit

Sobald mein Begleiter Bedingungen und Erwartungshaltungen einfließen lässt, erschwert sich die Kommunikation. Es ist hier wichtig, die Grundhaltung des Einverstandenseins mit mir als Person einzuhalten. Dies bedeutet nicht, dass andere unbedingt mit meinen Verhaltensweisen einverstanden sind. Meine Person ist es wert, dass sie geschätzt und geachtet wird; und wenn ich möchte, dann kann ich mein Verhalten mit Ihrer Hilfe ändern. Denn nur wenn ich die Entscheidung für eine emotionale Veränderung treffe – egal ob bewusst oder unbewusst – ist sie dauerhaft.

Jede Form einer Bedingung mindert die Chance, eine wirkliche, intensive Beziehung mit der Möglichkeit der Veränderung der jetzigen Situation herzustellen. Dennoch dürfen die Menschen in meiner Umgebung sich auch erlauben, dass sie nicht immer diese bedingungslose Annahme erreichen. Auch die Gesprächsführer sind nur Menschen, die Fehler machen dürfen. Als Ziel ist diese Wertschätzung und Achtsamkeit wichtig für ihre Arbeit, als Maßstab kann sie überfordern und hinderlich sein.

Einfühlendes Verstehen (Empathie)

Es geht darum zu verstehen, welche Gefühle mich bewegen, meine jetzige Haltung einzunehmen. Verstehen, welche Gefühle jetzt Bedeutung haben. Fühlen, was in mir vorgeht, und wagen, dies auszusprechen, auch auf die Gefahr hin, dass nicht alles korrekt wiedergeben wird und daher auf meine Ablehnung stößt.

Meine Begleiter können nicht immer und in jeder Situation genau das Gefühl erkennen, was in mir vorgeht, aber es sollte ihnen wichtig sein, es immer wieder aufs Neue zu versuchen. Es lohnt sich hinzuschauen. In vielen Situationen ist es für Menschen, die mir helfen wollen, wichtig, Verständnis für meine Gefühle zu entwickeln, aber auch für ihre eigenen Gefühle.

Echtheit (Kongruenz)

Authentisch oder echt zu sein, ist ein Ziel, das meine Begleiter und ich im Leben immer wieder anstreben zu erreichen. Rogers (1959/1987) versteht unter diesem Aspekt, dass Haltung, Gestik und Mimik im Einklang mit dem Gesprochenen steht. Ich möchte hier noch einen Schritt weitergehen. Ich definiere Echtheit so: Wenn die Gefühle mit dem Gesagten eine wirkliche Verbindung eingegangen sind, also das denkende Gehirn mit dem emotionalen Gehirn eine Balance erzielt, dann können wir von Echtheit sprechen. Diese Kongruenz zu erreichen, gelingt nicht in allen Situationen, sollte aber eine Richtschnur für diese Art der Kommunikation sein. Am besten wählen meine Begleiter einen Zeitpunkt, an dem sie und ich, ihr Gesprächspartner, wirklich innerlich verfügbar sind.

Selbstexploration (Öffnung)

Um dem Aspekt der Echtheit näher zu kommen, bedarf es einer immer wiederkehrenden Überprüfung des eigenen Selbst im Gesprächsprozess. Das heißt, meine Begleiter schauen auf ihre Gefühle und Verhaltensweisen innerhalb des Gesprächs und sind auch bereit, diese zu offenbaren. Sie sprechen über ihre Wahrnehmungen und die damit verbundenen Gefühle. Auch die Betrachtung ihrer eigenen Körperhaltung oder Bewegung ist hier genauer unter die Lupe zu nehmen. Es ist nicht von Bedeutung, wer der Helfende oder der Hilfesuchende in der Kommunikation ist; es ist wichtig, dass ein Gesprächsfluss entsteht, insbesondere auf der emotionalen Ebene.

Für die Eröffnung des Gesprächs gibt es ein so genanntes Zauberwort: dies mein Name. Meine Begleiter sollten mich deshalb mit meinem Namen ansprechen. Wenn ich meinen Familiennamen nicht mehr weiß, dann einfach meinen Vornamen mit Respekt. Damit wird automatisch meine Aufmerksamkeit wach gerüttelt.

Mit dem Herzen sehen, hören und sprechen (wirkliches Interesse)

Ohne diesen Aspekt sind alle vorher genannten Punkte fast nicht oder nur in Einzelteilen zu erfüllen. David Servan-Schreiber beschreibt in seinem Buch „Die neue Medizin der Emotionen“ (2003/2004), wie er seine Gespräche mit Patienten eröffnet. Für ihn steht am Anfang die Frage: „Was ist passiert?“ Damit stellt er einen Kontakt zu dem anderen Menschen her. In der Arbeit mit kranken Menschen wie mir beginnt das Gespräch sehr oft mit der Äußerung einer Gefühlswahrnehmung. Zum Beispiel könnte der Gesprächsbeginn durch meinen Begleiter so lauten: „Ich habe das Gefühl, dass Sie sich nicht wirklich wohl fühlen.“ Es wird eine direkte Verbindung zu mir gesucht. Diese Form der Gesprächseröffnung bietet für mich einen tieferen Einstieg in meine Erlebniswelt.

Für viele taucht hier vielleicht die Frage auf: ist dieser Einstieg nicht viel zu direkt? Und was hat diese Form der Eröffnung mit dem Sprechen aus dem Herzen zu tun? Wen meine Gefühle wirklich interessieren, sowohl auf der verbalen als auf der körperlichen Ebene, wer mir zuhört, sieht und spricht mit dem Herzen und erleben eine Öffnung bei mir.

Meine Äußerungen von mir sind nach dem Einstieg in das Gespräch die elementarsten Kriterien, um zu erfahren, wie ich meine Umwelt erlebe und wahrnehme. Aus diesem Aspekt heraus beleben folgende Fragestellungen das Gespräch: (a) „Wie fühlt sich das für Sie an? Oder was ist das für ein Gefühl? Oder was macht das mit Ihnen?“ (Gefühlsebene). (b) „Was machen Sie?“ (Tätigkeitsebene). (c) Was wollen Sie wirklich? (Willensebene).

Weshalb sind diese Fragestellungen in dem wertschätzenden, verstehenden Gespräch von so großer Bedeutung? Diese Fragestellungen zielen darauf ab zu verstehen, was zum Beispiel nach der Gesprächseröffnung „Ich habe das Gefühl, dass Sie sich nicht wohl fühlen.“ bei mir ausgelöst wurde. Ist es wirklich das, was meine Gesprächspartner erwartet haben, oder erkennen sie eine ganz andere Erlebniswelt. Es ist ihnen wichtig, ob ihre Sichtweise wirklich mit der meinen übereinstimmt. Als Antworten auf ihre Fragen erhalten meine Begleiter die in dem Gespräch Auskunft über meine Gefühlslagen. Diese Antworten sind wichtig, um Möglichkeiten bezüglich der Intensität des Gesprächs zu erkunden. Anschließend können meine Gesprächspartner gezielt an diesen Äußerungen weiterarbeiten.

„Was machen Sie?" Bei dieser Fragestellung ist es wichtig zu erfahren, welche Tätigkeiten ich, bezogen auf den Gesprächsinhalt, bisher gezeigt habe und welche ich eventuell in der Zukunft tun will. Bei diesem Überprüfen des bisher Geleisteten wird es mir möglich, anhand dieses Spiegelbildes zu erkennen, ob diese Maßnahmen ausreichen. Meine bisherigen Aktivitäten finden somit eine Überprüfung durch mich selbst.

„Was wollen Sie wirklich?" Auf diese oder naheliegende Fragen kann ich meine wirkliche Bereitschaft oder Ablehnung zu Situationen, Verhaltensweisen und Darstellungen kundtun. Ich bestimme somit den weiteren Verlauf und die Richtung des Gesprächs intensiv mit. Da die Zielsetzung des Gesprächs für mein Gegenüber die Kontaktaufnahme mit mir ist, wird somit die Wegmarkierung erkennbar. Mein Gesprächspartner kann erkennen, ob ich bereit bin, eine meinem Willen entsprechende Richtung einzuschlagen.

Das verbale Spiegeln

Neben diesen Fragen ist das verbale Spiegeln der Inhalte meiner Aussagen wichtig. Der gesamte Inhalt des Gesprächs liegt damit in *meinen* Händen, da in erster Linie *meine* Äußerung Bestandteil des weiteren Gesprächsverlaufs sind. Meine Gesprächspartner geben mit ihren Worten lediglich mein Gesagtes wieder. Dies hilft mir, bei mir zu bleiben und nicht in andere Geschichten zu flüchten. In Verbindung mit den bereits erwähnten Fragen kommt eine komplexe Kommunikation in Gang.

Dennoch gibt es Situationen, in denen das Gespräch immer wieder auf ein Gefühl oder eine Haltung zuläuft und sich scheinbar im Kreise oder ähnlich einer Spirale dreht. Spätestens wenn dieser Punkt erreicht ist, sollten meine Begleiter die Arbeit mit dem polaren Gegensatz einsetzen.

Der polare Gegensatz

Hier ist es möglich, mit Hilfe des Gegenteils meiner Aussagen zu arbeiten. Dieser Gegenpol bietet meinen Gesprächspartnern die Möglichkeit, eine Variante einzubauen, um eventuell festgefahrene Aspekte neu zu beleben.

Beispielsweise erkläre ich immer wieder: „das ist nicht möglich, ja aber aus diesem Grund geht das nicht, ich kann das nicht". Folgender Gegenpol kann mir dann aufgezeigt werden: „Stellen Sie sich vor, es wäre bereits möglich geworden, es ginge schon, Sie könnten das."

Wenn dieses Vorgehen erreicht, mich in der Spirale zu stoppen, können Fragen folgen, wie ich zu diesem Ergebnis gekommen sei, eventuell Schritt für Schritt. Ich werde meinem Gesprächspartner in der Regel erklären, welche Überlegungen oder Umstände mich dorthin gebracht haben, und erkenne dabei meine eigene Lösungsstrategie. Ist in Gefühlslage oder Verhaltenweise nur wenig Bewegung zu spüren, so können Verbale Berührungen eine weitere Form sein, um Blockaden bei mir zu lösen.

Insgesamt gesehen sind alle Hilfsmittel darauf ausgerichtet, mit mir einen Kontakt herzustellen, der mich erkennen lässt, dass ich verantwortlich für all mein Tun bin. Wenn ich diesen Schritt annehmen kann, ist es möglich, Lösungsstrategien mit mir zu entwickeln. Meine Gesprächspartner schaffen auf diese Weise also ein Klima, in dem ich mich angenommen und verstanden fühle. Das geht jedoch nur, wenn man mich nicht verändern will.

Allmählich wird es lichter im Innern

Je mehr meine Gesprächspartner in der Gesprächsbeziehung sie selbst sind, das heißt: kein professionelles Gehabe und keine Fassade zur Schau tragen, desto größer ist die Wahrscheinlichkeit, dass ich mich äußern und auf konstruktive Weise wachsen werde. Das bedeutet, dass meine Begleiter mir offen die Gefühle und Einstellungen darbieten, die mich im Augenblick bewegen.

Es gehört ein großes Maß an Selbstwahrnehmung und Kontrolle zu dieser Haltung. Wer sich auf solche Arbeit mit dementen Menschen einlässt, sollte sich der eigenen Gefühle und akuten Konflikte sehr bewusst sein. Ihr Denken, Sehen, Hören und Fühlen sollte sich auf mich, den Dementen, einstellen; Nebengeräusche sollten möglichst ausgeschaltet werden, damit diese Kommunikation durch nichts gestört wird. Es besteht also eine genaue Übereinstimmung/Kongruenz zwischen dem körperlichen Empfinden, dem Gewahrsein und den Äußerungen mir gegenüber.

Die Gespräche zählen im Rahmen der Begleitung zu der zentralen Aufgabenstellung des vfi und machen seine Grundzüge deutlich.

Sollte der Kontakt zu mir abbrechen, so ist es wichtig, neuen Kontakt wieder herzustellen. Wenn der Kontakt verloren geht, verliert das Gespräch an Wirkung.

Der provokative Stil

Die Möglichkeit, für mich eine neue eigenständige und verantwortliche emotionale Basis zu entwickeln, bietet mir die Anwendung der Methode des provokativen Stils.

Das Ziel: Humorvolle Stärkung der Selbstverantwortung

Der provokative Stil ist eine Abwandlung der von Frank Farrelly (1974/1986) entwickelten Therapieform der Provokativen Therapie (PT).

Das Deutsche Institut für Provokative Therapie (DIP, 2008) beschreibt die Grundzüge dieses Ansatzes folgendermaßen: „Der Begriff ‚provokativ' wird im Sinne von ‚herauslocken, herausfordern' verstanden und keinesfalls im Sinne von ‚verletzen' oder ‚beleidigen'. Das Ziel des provokativen Stils ist die Stärkung der Selbstverantwortung des Klienten. Durch die provokativen Interventionen wird beim Klienten der Wille zur konstruktiven Veränderung herausgefordert und seine Selbstheilungskräfte mobilisiert. Das befähigt ihn – meist in sehr kurzer Zeit –, sein Leben wieder selbst in die Hand zu nehmen und selbstschädigendes Verhalten durch gesünderes Verhalten zu ersetzen.

Humor und Herausforderung sind die wesentlichen Elemente der provokativen Vorgehensweise ... Farrelly stellte viele für unumstößlich gehaltene Regeln auf den Kopf, machte das befreiende Lachen in der Therapie gesellschaftsfähig und bewies, dass effektive Therapie sowohl kurzweilig als auch kurz sein kann ... In der Provokativen Therapie spielt der Therapeut die Rolle des Advocatus Diaboli und persifliert humorvoll die selbstschädigenden Verhaltensweisen des Klienten – und zwar nur diese –, sodass sie gemeinsam darüber lachen können. Das gibt dem Klienten einen gewaltigen mentalen Freiraum. Die Klienten werden also niemals ausgelacht, sondern als Persönlichkeiten wertgeschätzt und liebevoll angenommen. ...

Wir sehen die Klienten nicht als hilflose Opfer, die vom allwissenden Therapeuten geheilt werden müssen, sondern als mündige, selbstverantwortliche Partner im Veränderungsprozess. Die Therapeuten aktivieren ihre Stärken und fordern ihre Selbstverantwortung gezielt durch humorvolle, ‚unverschämte' Unterstellungen heraus, die den spontanen, emotionsgeladenen und energischen Widerstand der Klienten in eine ‚gesündere' Richtung hervorrufen. Sie werden damit provoziert, ihre Energien besser einzusetzen: weg von der Stützung des Symptoms hin zur Erreichung und Erhaltung ihrer Gesundheit.

Die Provokative Therapie ist nicht nur für die meisten Klienten ein schneller und effektiver Weg in die Gesundheit, sondern auch für die Therapeuten eine wirkungsvolle Hilfe gegen das gefürchtete Burn-out professioneller Helfer. ... Die PT stärkt den Mut des Therapeuten zu ungewöhnlichen Reaktionen und sein Selbstvertrauen in die eigene emotionale Intelligenz und gibt ihm Werkzeuge in die Hand, diese auch zu nutzen. So können die unverkrampften Reaktionen auf die Klienten therapeutisch eingesetzt werden. Das erhöht die Freude an der Arbeit und die Effektivität.“ (DIP, 2008)

Konkretes Vorgehen beim Provokativen Stil

Ziel ist, den Widerstand gegen meinen derzeitigen Zustand hervorzurufen (sekundärer Krankheitsgewinn) und mich herauszufordern, um in Bewegung zu kommen. Dadurch werden mir humorvoll andere Realitäten aufgezeigt und fokussiert. Dafür werden vom Begleiter die Vorteile des problematischen und die Nachteile eines neuen Verhaltens aufgezählt und hervorgehoben. Heruntergespielt werden hingegen die Vorteile des problematischen und die Nachteile eines neuen Verhaltens.

Als Hilfestellung können dem Begleiter dabei folgende Fragen dienen: Wozu könnte das Problemverhalten gut sein (sekundärer Krankheitsgewinn)? Welche Vorteile verliere ich, die demente Person, wenn ich mein Verhalten ändere? Mit welchen Schwierigkeiten werde ich zu tun bekommen, wenn ich mein Problemverhalten aufgebe?

Innerhalb des provokativen Stils ist es erforderlich, einen guten Draht zu mir zu schaffen. Ähnlich wie in dem validativen Gespräch ist es wichtig, wirklichen Kontakt zu mir herzustellen. Mit dem Herzen sehen, hören und verstehen geschieht hier nicht durch Fragestellungen, sondern mir werden klare Aussagen entgegen gehalten. Meine Gesprächspartner sollten versuchen, mich mit gezielten Unterstellungen zu treffen. Ganz besonders gut tut mir das, wenn dies mit Humor verbunden wird. Begleiter verlassen dabei die professionelle Helferrolle und wirken auf mich dadurch nicht so mehr wissend und erhaben. Ich werde wach und mache mich auf alles gefasst. Mein Begleiter bringt Sichtweisen ein, die ich in meinem Weltbild überhaupt nicht vorgesehen habe. Dadurch kann man mir dabei helfen, meine Position zu wechseln, und die Bilder in mir bekommen andere Realitäten.

Wichtigste Aufgabe für einen Begleiter dabei ist, einen Hebel bei mir zu finden. Zum Beispiel die Frage, worauf ich stolz bin. Daraufhin kann meine Sichtweise liebevoll karikiert werden, und ich habe die Möglichkeit, in Widerstand zu gehen oder aber dem Gedankengang zu folgen. Auf jeden Fall aber komme ich in Bewegung. Mein Selbstbild wird erheblich in Frage gestellt. Mein Gegenüber erkennt meine Defizite und arbeitet sie humorvoll mit mir heraus. Dann kann ich auch über schräge Positionen in meinem Denken lachen. Meine Wirkung auf mein Umfeld macht mir in vielen Situationen zu schaffen, deshalb sollten meine Verhaltensweisen genau beobachtet und angesprochen werden. Es kann so ein Szenario entstehen, in das ich lachend mit eingebunden bin. Dies nimmt mir den Druck, der auf mir lastet.

Mein Begleiter darf und soll mir – als ein Advocatus Diaboli – „teuflische" Ratschläge geben, was ich alles tun soll. Er sollte so verrückt wie möglich sein, damit ich klar werden kann. In mir wird sich eventuell heftiger Widerstand regen. Diesen kann ein Begleiter dann in die gewünschte Richtung lenken, denn im Widerstand bin ich völlig klar. Gesprächspartner sollten sich nie durch mein Getue und Gehabe ablenken lassen, sondern bei mir und meinen Verhaltensweisen bleiben, dann bekomme ich selbst eine Chance, etwas zu verändern.

Lösungen müssen meine Begleiter nicht für mich finden. Man sollte aufhören, mir zu helfen, sondern mich liebevoll dazu provozieren, selbst in Bewegung zu kommen. Je emotionaler dies geschieht, desto mehr bleibt das neue Verhalten haften.

Der provokative Stil ist ergebnis- und lösungsorientiert, aber die Lösung wird mir als der dementen Person nicht vorgegeben. Ich erarbeite sie mir selbst. Aber der provokative Stil ist vor allem ein liebevolles Karikieren meiner Weltsicht!

Lösungen in Sicht?

Sinnvoller Einsatz des provokativen Stils

Ich schädige mich und andere: Immer dann, wenn ich Verhaltensweise zeige, die mich schädigen. Wenn ich beispielsweise vereinsame, meine Sprache nicht mehr einsetze, alles um mich herum mir egal ist. Aber auch dann, wenn ich aggressiv werde und andere und mich gefährde, Situationen verkenne, wenn ich Gefahren sehen, wo keine sind, wenn ich Tiere unter meinem Bett sehe, wenn ich durch meine Angst andere mit in diese Angst hineinziehe. Wenn ich gegenüber anderen Menschen unfair werde und ihre Würde verletze, wenn ich mich weigere, mich weiter zu entwickeln, immer dann brauche ich jemanden, der mein Weltbild karikiert und mir somit wieder hilft, in das Leben neu einzutauchen. Bei all meinen destruktiven Gedanken und Gefühlen brauche ich einen Begleiter, um mir aus diesen Situationen herauszuhelfen. Ich brauche seinen Humor und Witz, auch wenn ich gar nicht für Humor aufgelegt scheine.

Ich bin stur und starrsinnig: Um aus meiner Sicht gut diese Situationen überleben zu können, nutze ich alle meine Fähigkeiten, die mir geblieben sind, um die Kommunikation so zu lenken, wie sie für mich scheinbar gut ist. Manchmal schweige ich, damit man mich einfach in Ruhe lässt und nicht ständig Forderungen an mich stellt. Ein anderes Mal schweige ich, weil ich mich nicht akzeptiert fühle, weil ich glaube, dass man mich, so wie ich bin, nicht mögen kann. Im Laufe des Lebens Erlerntes und sozial anerzogenes Verhalten lebe ich jetzt auch aus. Oft übernehme ich dann das Kommando und lasse nur selten einen Widerspruch zu. Ich werde laut, wenn ich merke, dass die anderen um mich herum nicht gewillt sind, meine Ansicht zu teilen. Auch tue ich schon einmal so, als sei ich überlegen, und werfe meiner Umgebung vor, sie wüsste nicht, was los ist. Aber jeder Mensch in meiner Umgebung kann gewiss sein: ich brauche seine Unterstützung. Meine Begleiter sollten an mir dran bleiben und nicht aufgeben, mich nicht allein lassen. Sondern Humor in die Gespräche bringen und mich erkennen lassen, wenn ich auf einem Irrweg bin. Mir liebevoll mein schräges Weltbild aufzeigen, dann kann ich vielleicht folgen. Mit Witz und Zuneigung sollte man mir vor Augen führen, was mit mir los ist. Dann kann ich mitlachen – gemeinsam mit meinen Begleitern lachen. Vielleicht befreit mich das Lachen. Wenn ich meine Sicht einenge und stur und starr bin, sollte man mir dieses Verhalten bewusst machen und damit durchkreuzen. Damit macht man mir bewusst, dass ich noch lebe.

Ist das wirklich mein Tempo, in dem ich mich bewege?

Wann sollte der provokative Stil bei mir nicht einsetzt werden? Sollte mein Verhalten meiner Umgebung missfallen, und man empfindet als negativ, was ich tue, dann sollte nicht provokativ mit mir gearbeitet werden. Denn dann würde ich meinen Begleitern das Leben schwer machen, und niemandem wäre wirklich geholfen. Wenn man nicht nur mein Verhalten, sondern mich als Person als negativ empfindet, ist es auch besser, dass wir Abstand zu einander haben. Auch wenn ich einen Begleiter aggressiv mache, sollten wir besser nicht miteinander zu tun haben. Wir werden uns nur Gegenseitig schädigen. Gleichgültigkeit wiederum ist ebenfalls nicht förderlich für unser Zusammensein. Ich kann verstehen, wenn es anderen egal ist, wie der Alte da herum spinnt! Wenn die Probleme, die ich habe, für meinen Begleiter zu weit weg sind, sodass er diese nicht wirklich verstehen können, sollte er nicht provokativ mit mir arbeiten. Stehe ich ihm wiederum zu nahe, so kann das genauso gefährlich für unsere Beziehung sein.

Induktionen: Schuld, Scham, Gewissensbisse

Scham

Das Wort Scham stammt von dem altgermanischen Begriff Skam oder Skem und hat die Bedeutung Schamgefühl, Beschämung und Schande. Es geht zurück auf die indogermanische Wurzel kam/kem: „zudecken, verschleiern, verbergen".

Scham und soziale Zugehörigkeit: Das Empfinden von Scham setzt voraus, dass ich mich aus den Augen eines (vorgestellten) anderen sehen kann. Scham entsteht dann, wenn ich mich oder meine Handlungen aus diesen Augen als unakzeptabel wahrnehme. Schamgefühle entstehen nur dann, wenn ich mich mit dem anderen sozial verbunden oder in einer sozialen Gemeinschaft fühle. Findet mich jemand oder mein Verhalten unakzeptabel, den ich nicht als meiner sozialen Gruppe zugehörig empfinde, und werden ich und mein Verhalten gleichzeitig von meiner sozialen Bezugsgruppe akzeptiert und gutgeheißen, entsteht keine Scham. In gleicher Weise kann ich mich für andere schämen, mit denen ich mich verbunden und denen ich mich zugehörig fühle. So kann ich mich für meinen unakzeptablen, alkoholkranken und krakeelenden Vater schämen oder für einen Freund oder Kollegen, dem ich mich nahe fühle und dem etwas Peinliches passiert.

Der Ursprung von Schamgefühlen: Scham kreist um das Erleben des Bloßgestelltwerdens beziehungsweise die Angst davor. Scham bezieht sich auf die Beurteilung durch eine für mich emotional bedeutsame Person. Eine existentielle und oder emotionale bedeutungsvolle Beziehung zwischen mir und der anderen Personen droht abzureißen. Es findet eine Aufspaltung zwischen meinem gefühlsmäßigen Eigenerleben und dem Betrachten aus einer Beobachterposition statt, aus der ich mich tadelnd und missbilligend betrachte. Bei Schamgefühlen geht es um basale Vergleichsprozesse, die sich um die Themen Schwäche, Defekt, Schmutzigkeit und Liebensunwert drehen. Der andere wird dabei prüfend, kritisch und bewertend gedacht. Die Beobachter, die ich mir dabei vorstelle, sind in der Regel Personen, die ich kenne, die wieder erinnerbar werden, wenn man mich an den Gefühlen entlang zurück in meine Vergangenheit führt.

Ich möchte mich hinter keinem Baum mehr verstecken!

Typische Themen, bei denen ich mich schäme: Was mir passiert oder wie ich mich verhalte, ist verachtenswert und unakzeptabel. Ich finde mich nicht mehr passend in dem System, so wie ich bin. Ich bin schwach, ich habe versagt, und ich werde weiter versagen, ich bin dreckig, schmutzig und ekelhaft. Mich kann man nur mit Widerwillen anschauen. Ja, ich habe über meinen Körper und Gefühle die Kontrolle verloren und ich werde sexuell durch unakzeptable und moralisch verwerfliche Dinge erregt. Die Menschen um mich herum sehen, wie schlimm ich bin. Alle mir wichtigen Menschen ziehen sich von mir zurück, ich stehe alleine da. Das ist so traurig, und niemand sieht, was mit mir los ist!

Präsent-Machen und Orientierung auf das Schamgefühl oder die Schamangst: Mein Begleiter sollte mich das Problem beschreiben lassen und mich auf die damit verbundenen Gefühle und Körperreaktionen lenken. Er könnte mich beispielsweise fragen, wie alt ich mich in der Situation fühle. Oder sich die Form der körperlichen Größe beschreiben lassen, in der ich mich gerade wähne, und mich die Zeit zurückführen, wenn das nötig ist. Oder man könnte mich fragen: was geschieht in dieser Situation? Was genau nehme ich war? Wie oft habe ich dies wahrgenommen? Damit kann man mir helfen, mir meiner Gefühle und Reaktionen bewusster zu werden.

Strategien zur Bearbeitung von Schamgefühlen: Schamgefühle beziehen sich auf einen inneren Beobachter, dem unterstellt wird, dass er die Eigenschaft oder das Verhalten der beschämten Person missbilligt. Es kommt also darauf an, aus welchen Augen ich mich betrachte, ob ich mich schäme oder nicht. Es ist also theoretisch möglich, den inneren Beobachter „auszutauschen“: denjenigen, der mich schwächt in solchen Situationen, in denen ich mich ungerechtfertigter Weise schäme, gegen einen anderen, der mich unterstützt. Strategie (1) Eine schamerzeugende Person lächerlich machen oder vom Sockel holen: Es ist wichtig aufzuzeigen, dass diese Person ebenfalls Schwächen hat, derer sie sich schämen könnte. Es könnte hier die Karikatur des Weltbildes dieser Person zum Beispiel dargestellt werden. Diese überzeichnende Form gibt mir die Möglichkeit, meine Position zu verändern. (2) Die beschämende Person zurechtstutzen: Viele Personen, von denen ich mich beschämt fühle, haben selbst Hemmungen und Probleme, die im Hintergrund für die Ablehnung eines bestimmten Verhaltens oder einer Eigenschaft zu sehen sind. Es reicht oft, mich mit meinem wachen Auge auf die Person schauen zu lassen und zu fragen, was die betreffende Person für ein Problem hat, das impliziert, dass das Problem bei dem anderen liegt. (3) Die Bezugsperson so beraten, dass ich mich nicht schämen brauche: Es ist oft sinnvoll, die Bezugspersonen zu beraten und zu fragen, welche Probleme sie haben und was sie brauchen, um mir zu ermöglichen, mit meiner Situation anders umzugehen. (4) Eine positive Person einbeziehen: Meine Begleiter können offen eingestellte Person auf das „peinliche" Geschehen schauen lassen oder mich in eine andere soziale Gruppe einfügen, die mein Verhalten oder meine Eigenschaft gut heißt.

Schuld

Viele Menschen wie ich leiden unter Schuldgefühlen, die mir von anderen eingeredet werden. Ich neige dazu, mich schnell schuldig zu fühlen, ich finde für mich oft in der Vergangenheit Erfahrungen, wo ich von mir wichtigen Bezugspersonen für Ereignisse verantwortlich gemacht wurde, für die ich eigentlich nicht verantwortlich war. Über die Arbeit mit der Affektbrücke lassen sich diese Erfahrungen bei mir finden und aufarbeiten.

Verständnis für meine Situation zeigen: Meine Begleiter sollten verstehen, anerkennen und würdigen, was ich erlebt und gefühlt habe. Sie sollten mir dabei indirekt zu verstehen geben, dass meine Gefühle und Reaktionen nachvollziehbar, verständlich und normal sind und ich als Person OK bin.

Mein Augenmerk auf meine Bezugsperson(en) lenken: Der Fokus wird jetzt auf die schuldzuweisende Bezugsperson gelegt. Hierbei werde ich angeregt, mit meinen jetzigen Augen zu schauen und die Fragen zu stellen: was ist das Problem der Bezugsperson? Was will sie damit erreichen? Jetzt wird nach den verdeckten Motiven der Bezugsperson gefahndet. Oft wird hierbei klar, dass ich als Sündenbock herhalten muss oder die Bezugsperson von der eigenen Unfähigkeit, ihr Problem zu lösen, ablenkt. Oft will diese Person nicht die Verantwortung für Entscheidungen übernehmen und benutzt mich als Ausrede, oder sie versucht, mich an sich zu binden. Man sollte mich auffordern, die aufgedeckten Schuldzuweisungen zu formulieren: Was sagt die Person eigentlich? Was würde sie sagen, wenn sie die Wahrheit sagte? Ich beschreibe dann aus der Sicht der Bezugsperson die Situation und erlebe für mich dabei eine Befreiung. Die Schuldzuweisungen bekommen eine neue Bedeutung. Die Erkenntnisse über die Bezugsperson werden mir jetzt für meinen Alltag zur Verfügung gestellt. Gibt es noch Kontakte zur Bezugsperson so kann die neue Interpretation der Situation zur Verknüpfung mit der jetzigen Ist-Situation genutzt werden.

Meine unbewusste Motivation für Schuldgefühle aufdecken: Schuldgefühle können nur dann richtig verstanden werden, wenn man berücksichtigt, dass es für mich eine unbewusste Motivation gibt, mir in bestimmten Situationen für die Ereignisse die Schuld zu geben. Damit stabilisiere ich mich kurzfristig beziehungsweise mein eigenes Weltbild.

(1) Meine Sehnsucht nach den guten Eltern: Mir wurde beispielsweise von meinen schlagenden Eltern erzählt, dass ich schuld an der Behandlung bin, die mir widerfährt, weil ich etwas falsch gemacht habe oder ich mich unakzeptabel verhalten habe. Ich bin dabei motiviert, die mir gegebenen Deutungen zu akzeptieren. Dass ich die Interpretation des Geschehens durch die Bezugspersonen so akzeptierte, verschaffte mir Sicherheit und Geborgenheit sowie die Vorstellung, die Welt sei geordnet und gerecht. Ich erhalte mir damit die guten, gerechten Eltern. Ich behalte die Illusion, dass ich mich nur richtig verhalten muss, um von den Eltern oder anderen Bezugspersonen geliebt zu werden. Die Erkenntnis, dass ich geschlagen wurde, unabhängig von dem was ich tat, würde bei mir zu Hilflosigkeit und Hoffnungslosigkeit führen, und hätte ich dies nicht angenommen, dann hätte ich

mich von meinem innerlich Bezugssystem entfernt und mich außerhalb des Bezugssystems gestellt.

(2) Mein Bedürfnis nach einer gerechten Welt: Das Bedürfnis nach einer gerechten, geordneten Welt ist bei Erwachsenen ebenso vorhanden. Wenn etwas Schlimmes passiert, nehme ich an, dass irgendjemand dafür verantwortlich ist. Das Unheil wird von mir als Ausgleich für schuldhaftes Verhalten gesehen. Dies betrifft sowohl meine Sichtweise der vom Unheil Betroffenen wie auch meine Sicht der Umwelt. Ich frage mich: Was habe ich falsch gemacht, dass mir so etwas geschehen ist. Die Umwelt sucht nach dem Vergehen des Betroffenen. Die Vorstellung eines gerechten, strafenden Gott fördert meine Haltung. Je schlimmer das Unheil, desto intensiver die Suche nach meinem Fehlverhalten.

(3) Mein Bedürfnis nach einer kontrollierbaren Welt: Bei schweren Unglücken, schweren Krankheiten oder schweren Verlusten stelle ich mir automatisch die Schuldfrage. Oft entsteht in mir erst dann ein gewisses Maß an Ruhe, wenn diese Frage geklärt erscheint. Besonders schmerzhaft ist, wenn ein Unheil sinnlos oder ohne ersichtlichen Grund erfolgt ist. Finde ich einen Grund, so entwickle ich die Vorstellung, meine Zukunft vor solchen oder ähnlichen Ereignissen schützen zu können. Finde ich keinen Grund und niemanden, der schuld ist, so entwickle ich das Gefühl, in einer nicht zu kontrollierenden Umwelt zu leben. Es entsteht Angst bei mir.

(4) Schuld und Rache und meine Unfähigkeit zu trauern: Mein Bedürfnis, irgendjemanden für ein Unglück schuldig zu erklären, entspringt oft meinem Bedürfnis, mich zu rächen und für das erlittene Unheil einen Ausgleich zu bekommen, den der Beschuldigte zu leisten hat. Häufig wehre ich durch Rachefeldzüge Gefühle der Trauer und Verzweiflung ab. Würde ich akzeptieren, dass etwas Schlimmes geschehen ist, woran niemand schuld ist, bleibt nur noch mein Trauern. Das vermeide ich.

(5) Mein Wunsch, die Ereignisse rückgängig machen zu können: Oft frage ich mich, was ich falsch gemacht habe, aus meinem Wunsch, die Ereignisse im Nachhinein ändern zu können. Die Gedanken kreisen immer wieder um meine falsche Entscheidung oder mein Fehlverhalten, das später schlimme Folgen hatte, und diese Bilder sind jetzt wieder ganz real. Ich beschäftigte mich immer wieder mit der Vorstellung, wie ich mich anders hätte entscheiden oder verhalten können, um dann wieder festzustellen, dass ich das Geschehene nicht mehr ändern kann. Das will ich nicht zulassen. Es muss doch eine Lösung geben.

(6) Schuld und das Prinzip des Ausgleichs: Schuld beruht auf dem Prinzip des Ausgleichs, ein Grundprinzip jeder sozialen Gesellschaft. Es bedeutet einen Ausgleich des Gebens und Nehmens. Je mehr gegeben wurde, desto mehr wird zurück erwartet. Dabei muss das, was gegeben worden ist, nicht identisch sein mit dem, was zurück erwartet wird. (Das „Opfer" der eigenen Unversehrtheit im Krieg für das Vaterland kann durch öffentliche Ehrung und Versehrtenrente ausgeglichen werden, ein anständiges Leben im Himmelreich vergolten). Bekommt ein anderer für die gleiche Leistung, die er erbracht hat, mehr zurück als ich, empfinde ich dies als Ungerechtigkeit.

Strafe und Rache

Ein entstandener Schaden kann durch einen entsprechenden Ausgleich beglichen werden. Gelingt mir dies nicht, so kann er dadurch ausgeglichen werden, dass ich, der den Schaden verursacht, mich selbst schädige. Strafe und Rache ist ein Versuch von mir, über die Schädigung eines anderen für einen Schaden, den ich selbst erlitten hab, innerlich einen Ausgleich zu schaffen.

Das Prinzip des Ausgleichs und die Abwertung durch Geschenke: Kleine Geschenke erhalten die Freundschaft aber nur dann, wenn sie auch klein genug sind. Denn sind sie übermäßig groß, können sie als Zeichen dafür verstanden werden, dass ich nicht ebenbürtig bin. Das zu große Geschenk empfinde ich dann unterbewusst als Demütigung.

Als mein Vater und meine Mutter mir ein großes Geschenk machten (sie gaben mir mein Elternhaus), das ich mir selbst zu diesem Zeitpunkt nicht leisten konnte, habe ich dies als Zeichen dafür gesehen, dass meine Eltern mich nicht wirklich für voll nahmen und mir damit zeigten, dass ich im Vergleich zu ihnen erfolglos war. Meine Eltern mussten dann mit ansehen, wie ich dieses Vermögen möglichst schnell verkleinert und damit entwertet habe.

In gleicher Weise kann ich das Geschenk einer einseitigen Hilfeleistung als Abwertung verstehen, vor allem wenn die mir hilfeleistende Person einen späteren Ausgleich ablehnt. Die Hilfe beantworte ich dann oft mit Aggression, und ich lasse den Hilfeversuch scheitern (Ich bin vielleicht nicht in der Lage, mein Leben in den Griff zu bekommen, aber du bist nicht in der Lage, mir zu helfen). Damit wird die Symmetrie in meiner Beziehung wieder hergestellt.

Bearbeitung von Scham- und Schuldgefühlen mit der Stellvertretertechnik: Wenn ich mich unbegründet schuldig und beschämt fühle, bin ich oft rationalen Argumenten durchaus zugänglich, was jedoch meine Schuldgefühle nur unwesentlich reduziert. So empfinde ich mich, der ich in meiner Kindheit Gewalt und Missbrauch erlebt habe, oft als minderwertig, schäme mich für das, was mir angetan worden ist, und habe Schuldgefühle bezüglich der an mir begangenen Taten. Statt als Opfer erleben ich mich als Täter oder zumindest an der Tat beteiligt. Die folgenden beraterischen Strategien sind geeignet, mir zu helfen, Schuldgefühle und das Gefühl von Scham und Wertlosigkeit abzubauen, indem die stattgefundenen Ereignisse von mir gelöst werden. Dabei ist es wichtig, dass ich nicht auf der kognitiven Ebene verstehe, sondern vielmehr die Erfahrung mache und erlebe, dass ich emotional die Ereignisse nicht verschuldet habe.

(1) Trance-Induktion: Das Ziel, mich die Erfahrung machen zu lassen, dass ich nicht schuld bin und mich nicht schämen muss, setzt voraus, dass ein ideodynamischer Prozess entsteht und ich aus der Beobachterrolle beobachte, beurteile und erkenne, dass ich nicht schuld bin und mich nicht schämen brauche. Deshalb ist eine leichte Trance notwendig. Hier verstehe ich, dass ich zur Ruhe komme und die Möglichkeit habe, auf diesen Komplex zu schauen. Mein Begleiter bringt mich gut in Ruhe, wenn er mich auf meine Atmung achten lässt und darauf, dass ich immer mehr bei mir bin.

(2) Einnehmen der Beobachterperspektive: Mein Begleiter beginnt damit mit der Aufforderung an mich, das Ereignis von außen zu sehen, um mir zu ermöglichen, die Ereignisse mit weniger Eigenbeteiligung wahrnehmen zu können. Die Beobachterposition ermöglicht mir eine Erweiterung meiner Perspektive und ist Voraussetzung für eine Neubewertung der Ereignisse. Bei mir lösen sich meine Scham- und Schuldgefühle manchmal schon auf, wenn man mich auffordert, die Sichtweise eines an dem Ereignis Unbeteiligten einzunehmen.

(3) Stellvertretertechnik: Hierbei werde ich aufgefordert mir vorzustellen, dies wäre mit einem anderen Kind einer anderen Person geschehen, und ich werde gefragt, wie sich dieses Kind oder diese andere Person verhalten würden und welche Gefühle sie hätten (vergleichbares Kind, gleiches Geschlecht, gleiche Erfahrungen). Ich erkenne dann, dass ein anderes vergleichbares Kind oder eine andere vergleichbare Person genauso hilflos gewesen wären, sich ebenfalls nicht hätten wehren können und ebenso wie ich der Situation hilflos ausgesetzt gewesen wären. Dies fördert meine Erkenntnis, dass das Vorgefallene nicht von mir, sondern von den Bedingungen abhängig gewesen war. Gerade die Einführung eines Stellvertreters ermöglicht mir, wirklich fühlen zu können, was mir angetan wurde.

(4) Verknüpfung mit meiner eigenen Erfahrung: Zum Abschluss ist es sinnvoll mich aufzufordern, nun noch einmal mich selbst zu sehen und wahrzunehmen, was mir da angetan wurde. Dies stellt sicher, dass meine neue

Wahrnehmung und Interpretation des Geschehens mit mir verknüpft ist. Oft entstehen zu diesem Zeitpunkt neben Wut und Zorn auf die beteiligten Personen ein tiefes Mitgefühl für mich selbst sowie eine tiefe heilsame Trauer über die Geschehnisse.

Vieles fällt von mir ab und wird fortgespült

Fallbeispiele aus der Praxis
Zwei demente Menschen berichten aus ihrem Alltag

Viele Aspekte der neuen Form der Arbeit mit Verwirrten wie mir wurden in den vorangegangenen Kapiteln beleuchtet. Jetzt ist es an der Zeit, in meinen Alltag einzutauchen. Dies soll mit zwei Fallgeschichten erleichtert werden, in denen die dementen Personen selbst aus ihrer Sicht erzählen.

Ein Tag mit Maria

Arm in Arm schlendere ich mit dieser Frau. Wo will sie mit mir hin? Sie sagt, wir sind schon da, dies sei mein Zimmer.

Ja, einige Sachen sind mir vertraut, aber vieles auch nicht. Die nette Frau sagt, dass sie mit mir mein Kleid und den Rest der Wäsche für den heutigen Tag aussuchen will. Wieso sucht sie mit mir meine Kleider aus? Ich weiß nicht, was sie wirklich von mir will, aber sie hat eine liebe Stimme.

Sie zeigt mir ein buntes Kleid, und ich lege es über meinen Arm. Sie lächelt mich freundlich an und geleitet mich in einen anderen Raum. Sie legt einen Waschhandschuh und Seife zurecht, ebenso die Zahnbürste und Zahnpasta. Sie sagt, ich soll meinen Schlafanzug ausziehen und mich bitte waschen. Ihre Stimme ist sanft. Da fallen mir meine Kinder ein und dass ich ihnen noch die Brote für die Schule machen muss. Ich ziehe mich aus und wasche mich schnell, damit ich dann das Frühstück machen kann.

Das Gesicht, das ich dort sehe, ist mir fremd, was macht diese alte Frau hier im Bad? Überhaupt habe ich sehr viele alte Menschen in letzter Zeit getroffen. Doch jetzt schnell anziehen und in die Küche, das Frühstück machen. Die Frau lässt mich noch nicht gehen, sie sagt, ich soll mir noch die Haare frisieren. Ich sehe aber nur eine alte Frau, der ich das Haar bürste. Wieso bürste ich ihr das Haar? Egal, ich will schnell fertig werden und dann in die Küche!

Ich sorge gut für meine Kinder!

Die nette Frau geht, doch die alte Frau bleibt. Ich sage ihr, dass ich keine Zeit für sie habe, da ich mich um die Kinder kümmern muss. Sie reagiert nicht. Ich drehe mich um und gehe schnell in die Küche.

Ich höre dort etwas klappern, vielleicht ist schon eins von den Mädchen auf. Ich gehe in die Richtung, aus der ich das Klappern wahrgenommen habe. Es sind nicht meine Kinder. Andere Frauen sind hier. Eine ganz in Weiß, noch jung, etwa so alt wie ich, knapp unter 30, und da ist noch eine alte Frau. Ich sage, dass sie die Küche verlassen sollen, doch sie gehen nicht. Ich habe einfach keine Zeit, mit ihnen zu diskutieren. Ich decke einfach den Tisch für die Kinder.

Wo sind die Teller, wo die Gläser? Nichts finde ich mehr in meiner Küche. Sie sieht auch so anders aus. Endlich habe ich Brot gefunden. Schnell die Brote für die Kinder machen. Sie brauchen unbedingt ihr Pausenbrot. Ich klappe die Brote zusammen. Doch da hält die junge Frau in Weiß meinen Arm fest und sagt, dass ich das lassen soll, ich zerkrümele ja das ganze Brot. Ich weiß nicht, was sie will, ich mache doch nur die Brote für die Kinder. Sie lässt mich los und ich suche Papier zum Einpacken der Brote. Ach da liegt ja welches, schön bunt, da freuen sich die Mädchen. Ich nehme das Papier und packe die Brote ein. Heute geht das gar nicht so gut von der Hand. Es passt einfach nicht. Die junge Frau kommt schon wieder. Sie nimmt mir mein Papier ab und sagt, dass dies die Servietten für die anderen Bewohner seien. Ich verstehe überhaupt nichts mehr. Es kommen jetzt auch immer mehr Menschen in die Küche. Ich weiß gar nicht, was das soll? Wo sind meine Kinder? Sie müssen doch in die Schule, es ist doch Zeit. Ich rufe sie – Katharina! Susanne! Jasmin! Ich sehe sie jedoch nicht, wo sind sie nur?

Ach da steht eine Schultasche. Ich schaue nach, ob alles drin ist, die Hefte, die Bücher. Die Tasche ist aber nicht gut aufgeräumt.

Ich bin eine ordentliche Mutter und gute Hausfrau!

Ich schaue mir alles an. Ein Spiegel – da ist ja schon wieder die alte Frau aus dem Bad – ein Taschentuch, jemand nimmt mir die Tasche ab und behauptet, dass sie mir nicht gehört. Es ist doch Katharinas Tasche. Wo sind nur die Kinder?

Ich laufe überall im Haus umher und suche sie, aber es ist irgendwie alles anderes. Jemand berührt mich an den Schultern. Ein junger Mann, was macht er hier? Er sagt, dass er mich zum Frühstück bringen will. Ich sage ihm, dass zuerst die Kinder in die Schule müssen. Er erzählt mir, dass sie schon lange weg sind. Das beruhigt mich.

Ich setze mich an einen Tisch. Hier sitzen schon einige ältere Herrschaften. Ich schaue sie an – sie sagen mir, dass ich essen soll. Der Kaffee schmeckt etwas schlaff, wer hat den denn gekocht? Dafür ist das Brot gut, die Marmelade auch. Wie gut, dass die Kinder in der Schule sind. Sind sie wirklich weg? Ich schaue lieber noch einmal nach. Ich stehe auf und gehe durch den Raum in den Flur. Sie sind nicht zu sehen. Aber lieber noch einmal im Zimmer nachsehen. Das erste Zimmer ist leer. Das zweite auch. Ja, aber Jasmin trödelt manchmal gern. Auch ihr Zimmer ist leer. Aber die Zimmer sind alle noch so unordentlich. Immer lassen sie alles liegen. Das muss ich gleich aufräumen. Da kommt der junge Mann wieder. Er will mich zum Frühstück bringen. Na gut, jetzt kann ich frühstücken, die Kinder sind aus dem Haus, und aufräumen kann ich später auch noch. Ich sitze bei älteren Herrschaften, der Kaffee ist schlaff, aber das Brot schmeckt und die Marmelade auch. Nach dem Frühstück muss ich aber aufräumen. Die älteren Herrschaften sind nett. Eine sieht meiner Oma sehr ähnlich. Na ja, es wird jetzt Zeit, dass ich die Zimmer in Ordnung bringe.

Ich bin eine gute Hausfrau, halte das Haus sauber, bin ordentlich!

Zuerst räume ich die Zimmer der Kinder auf. Katharinas Zimmer ist das erste, hier links. Das Bett ist noch nicht gemacht, ansonsten sieht es hier aber ordentlich aus. Es ist Zeit, die Bettwäsche abzuziehen und zu waschen. Wieso sind hier keine Knöpfe? Woher stammt überhaupt diese Wäsche? Ständig ist heute etwas Neues, manchmal könnte ich verzweifeln. Das dauert heute alles so lange und ich muss doch noch die anderen Betten abziehen. Und dann noch waschen und kochen.

Nach Katharinas Zimmer gehe ich jetzt Susannes Bett abziehen. Vielleicht gehe ich noch vorher das Frühstück abräumen. Auf dem Flur begegne ich einer jungen Frau, sie fragt mich, ob ich zur Gymnastik mitgehen möchte. Ich sage ihr, dass ich keine Zeit habe. Dass ich noch Betten abziehen muss und dass das Frühstück noch abgewaschen werden muss. Sie sagt, dass sei alles bereits erledigt. Sie zeigt mir die Küche. Alles ist sauber. Wer hat das wohl gemacht? Mit sanftem Druck nimmt sie mich mit. Na ja, Gymnastik tut gut, ich kann nachher noch weiter für Ordnung sorgen.

Ich bin eine sportliche Frau!

In dem Gymnastikraum sind schon einige Frauen. Alle sind schon sehr alt. Ob die das mit der Gymnastik wohl hinbekommen?

Die junge Frau beginnt mit der ersten Übung. Die Übung ist leicht, auch die folgenden sind nicht wirklich schwer, und irgendwie macht es Spaß.

Ich habe schon lange keine Gymnastik mehr gemacht, denn irgendwie sind meine Muskeln und Gelenke eingerostet. Die junge Frau sagt, dass sie eine Entspannungsübung macht. Es tut gut sich zu entspannen, und irgendwie werde ich müde. Eine kurze Zeit nicke ich ein. Ich erwache. Die junge Frau kündigt jetzt die letzte Übung an. Sie fragt mich, ob es bei mir noch geht. Natürlich, was denkt sie sich?

Meinen Haushalt halte ich in Ordnung!

Irgendwie habe ich leichten Hunger. Ich muss jetzt schnell los, nach Hause, für die Kinder das Essen zubereiten. Wie komme ich hier nur heraus? Es ist alles so fremd! Die Türen sind abgeschlossen. Ich klopfe, ich rufe, doch nichts geschieht. Ich rufe lauter, irgendwer wird mich doch wohl hören. Die Kinder kommen gleich aus der Schule, dann macht ihnen niemand auf. Hilfe! Hilfe! Hilfe! Endlich kommt jemand.

Die junge Frau sagt, dass ich hier in einem Altenheim bin und meine Kinder schon erwachsen sind. So ein Unsinn! Sie hat überhaupt keine Ahnung! Ich muss zu den Kindern, ihnen die Tür öffnen. Ich laufe durch die Flure. Dort ist die Eingangstür, doch es ist niemand da. Sie werden schon gleich kommen. Katherina kommt immer etwas später.

Ich muss nach dem Essen schauen, doch alles ist so fremd hier. In dem großen Raum sind schon Tische eingedeckt. Wieso so viele? Na ja, bei mir ist immer genügend zu essen im Hause.

Die Kinder werden jeden Moment kommen. Es riecht nach Essen. Viele ältere Menschen strömen hier in den Raum und setzen sich an die Tische. Ich suche einen Platz für mich und die Kinder. Ich frage die junge Frau, die das Essen ausgibt, wo wir uns hinsetzen können. Sie weist mir einen Platz an, hier sind auch noch Plätze für die Kinder. Bin ich hier in einem Restaurant?

Ich schaue noch einmal nach, wo die Kinder bleiben. Die junge Frau sagt zu mir, ich soll sitzen bleiben, mein Essen komme gleich.

Ich stehe auf und gehe zur Tür. Keines der Kinder ist jedoch zu sehen. Ich gehe ihnen ein Stück entgegen. Im Garten erreicht mich ein junger Mann. Er atmet schwer und sagt, ich solle bitte mit ihm kommen. Das Essen sei angerichtet. Ich frage ihn, ob meine Kinder schon da sind. Er fragt, wie sie heißen. Ich sage ihm Katharina, Susanne und Jasmin. Er sagt mir, dass sie erst spät am Nachmittag kommen werden. Katharina habe angerufen, dass sie um 14.30 Uhr kommen werde. Soll ich ihm glauben? Ich weiß nicht recht, was ist, wenn es nicht wahr ist?

Na gut, diesmal will ich ihm glauben und gehe mit ihm zum Restaurant zurück. Nach dem Essen bringt mich dieser junge Mann auf ein Zimmer und sagt, dass ich mich ausruhen kann, bis die Kinder dann kommen. Ich nehme in einem großen Sessel Platz, und ich fühle mich sooo müde.

Ich bin doch eine gute Mutter!?

Ich werde von einer jungen Frau geweckt, die mich mit „Hallo Mama" begrüßt. Eine zweite junge Frau macht das Gleiche. Ich schaue wohl sehr erstaunt, weil sie sagen, wir sind doch Katharina und Jasmin, deine Kinder. Susanne konnte leider nicht mitkommen.

Meine Kinder? – Meine Kinder gehen noch in die Schule. Was diese Frauen wohl von mir wollen? Aber da sind noch zwei kleine süße Kinder. Ich frage sie, wie sie heißen. Sie sagen „Christian und Christine, Oma". – Oma? – Was soll das denn, ich bin doch noch keine Oma. Obwohl, wie war das mit der Oma heute morgen? Ach, ich spiele lieber mit den beiden Kleinen.

Die Frauen machen mir den Vorschlag, in den Garten zugehen. Irgendwie kommen mir beide sehr bekannt vor. Die ältere könnte eine Schwester von mir sein. Im Garten angekommen, bestehen beide darauf, mich weiterhin als Mama anzusprechen. Ich lasse sie, weil ansonsten sind sie sehr nett, besonders die beiden Kinder. Sie nennen mich zwar weiterhin Oma, aber das ist in Ordnung.

Die beiden netten Frauen erzählen von ihrer vielen Arbeit und ihren Familien. Es ist schön ihnen zuzuhören. Ist so ähnlich wie bei mir zu Hause.

Als sie die Geschichte vom Unfall meines Mannes erzählen, wundere ich mich, woher sie all diese Informationen haben. Ich sehe auch Tränen in ihren Augen beim Erzählen der Geschichte. Ich bin verwirrt, wissen diese Frauen mehr als ich? Vielleicht haben sie Recht mit all dem, was sie sagen? Ich frage sie, für wie alt sie mich halten. Sie antworten beide, wie aus der Pistole geschossen, 74. Ich bin erschrocken! Bin ich wirklich 74? Ich fühle doch, dass ich 35 Jahre bin. Das kann nicht sein! Was stimmt hier wirklich? Ich weiß nicht mehr ein noch aus!

Bitte helfen Sie mir! Bitte, bitte helfen Sie mir!

Nach einigen Stunden gehen die beiden wieder nach Hause mit ihren süßen Kindern. Sie wirken traurig und nachdenklich. Wir verabschieden uns herzlich, und in mir ist so ein tiefes Gefühl der Einsamkeit.

Ich sehne mich so, nach meiner Familie, meinem Mann. Am Wochenende kommt er wieder von der Arbeit zurück. Dann wird sich alles klären! Ich sitze noch lange im Garten. Tausend Gedanken gehen mir durch den Sinn, ohne Ordnung, ohne wirklichen Inhalt. Bin ich krank? Nein, ich darf nicht krank sein! Meine Kinder brauchen mich! Ich bin eine gute Mutter!

Es ist schon dunkel geworden. Zeit für mich hineinzugehen. Ich fühle mich so durcheinander, völlig verwirrt. Ich bin so traurig.

Viele Menschen laufen hier umher, ich verstehe nicht, wo ich bin, was das hier soll? Irgendjemand ruft um Hilfe, war das nicht Katharina? Ich muss schnell dorthin. Immer wieder höre ich: „Hilfe! Hilfe! Schwester!" Ich gehe so schnell ich kann, ich glaube, ich war schon schneller gewesen, so als ich noch 20 war. Da war ich noch topfit. Da bin ich noch viel gelaufen. Ich war schon lange nicht mehr laufen. Ich sollte meinen Körper mehr gesund halten. „Hilfe! Hilfe!" „Katharina, ich komme!"

Endlich bin ich an dem Zimmer angelangt, woher ich die Hilferufe von Katharina gehört habe. Die Tür steht offen, und ich gehe in das Zimmer. Doch hier liegt nur eine alte Frau im Bett. Keine Spur von Katherina. Ich habe mich da wohl in der Stimme vertan. Als ich näher an ihr Bett trete, hört sie auf zu rufen. Sie schaut mich mit großen Augen an. Sie hat sicherlich Angst. Ich streiche ihr sanft über die Wangen und spüre, wie es ihr gut tut. Ich sage ihr, dass ich noch einen kurzen Moment bleiben werde, dann muss ich aber gehen und mich um die Kinder kümmern. Sie kommen gleich vom Spielen nach Hause. Sie lächelt mich an und schließt die Augen. Ich streichele noch einmal ihr Gesicht und gehe.

Niemand soll sagen, ich habe meinen Haushalt nicht in Schuss!

Ich muss noch die Zimmer für die Kinder aufräumen. In der Ferne höre ich sie wieder rufen. „Hilfe! Hilfe!" Oh, Jasmins Zimmer ist aber sehr aufgeräumt. Sie ist ein sehr ordentliches Mädchen. Ich glaube, das hat sie von mir gelernt. Ich gehe weiter zu Susannes Zimmer. Oh je! Hier sieht es etwas schlimmer aus. Ich schaffe einfach mal Ordnung. Ich möchte, dass es bei uns sauber und gemütlich ist.

In diesem Moment kommt eine junge Frau in Susannes Zimmer und sagt zu mir, ich soll damit aufhören, in den Schränken zu räumen. Dies hier sei das Zimmer von Frau Schmitz.

Ich schaue sie mit großen Augen an. Was soll das? Dies sei das Zimmer von Frau Schmitz. Dies ist Susannes Zimmer, und ich muss hier für Ordnung sorgen. Sie sagt, dass Frau Schmitz dies selber machen kann. Ich verstehe sie nicht. Ich schaue mich um. Ja, einige Dinge gehören nicht zur Susanne, aber diese Tiere sind doch Susannes Stofftiere. Die ältere Frau drängt mich sanft aus diesem Zimmer. Wo bin ich hier? Sie sagt, dass es in fünf Minuten das Abendbrot gibt. Wer hat das gemacht. Wer macht überhaupt alles hier in meinem Haus? Wieso sind so viele Leute hier?

Ich verstehe dies alles nicht. Irgendwie muss ich hier Ordnung schaffen, oder soll ich lieber gehen. Als die ältere Frau in den großen Raum verschwindet, entschließe ich mich zu gehen. Ich glaube, das hier ist nicht mein Zuhause. Draußen ist es schon dunkel. Und ich muss schnell nach Hause zu den Kindern. Sie brauchen mich. Ich achte auf sie, damit ihnen ja nichts passiert.

Nach kurzer Zeit kommt ein junger Mann zu mir gelaufen. Er sagt, ich soll zurückkommen, ich wohne jetzt hier. Ich schaue mir das erleuchtete Haus an, es ist sehr groß, hier soll ich wohnen. Das glaube ich nicht. Doch er lässt mich nicht gehen. Ich spüre, er hat Angst. Doch ich muss nach Hause. Hier die Straße ist mir aber auch im Dunkeln so neu. Ich weiß gar nicht, wo ich wirklich bin. Ich sage ihm, dass ich in die Karl-Marx-Straße 33 muss. Er sagt mir, dass er sich hier in der Stadt auch nicht auskennt, aber vielleicht wüsste im Haus jemand, wo die Karl-Marx-Straße 33 ist. Ich gehe mit ihm zurück. Er sagt, dass ich zuerst etwas essen sollte und er sich dann um die Adresse kümmern würde. Ich bin froh über seine Aufmerksamkeit. Er bringt mich zurück ins Haus in einen großen Speiseraum. Hier gibt es Abendbrot. Nach dem Essen werde ich meine Kinder versorgen.

Ich schaffe das schon. Ich bin eine gute Mutter!

Alles ist so ruhig im Haus. Wo sind denn die Kinder? Vielleicht sitzen sie wieder vor dem Fernseher? Ich höre den Fernseher schon von Weitem, er ist wie immer sehr laut, doch keines der Kinder sitzt hier im Wohnzimmer. Lediglich ein Mann und eine Frau schlafen dort vor dem Fernseher.

Ich rufe die Kinder: „Katharina, Susanne, Jasmin?" Vielleicht haben sie sich schon ins Bett gelegt. Eine junge Frau kommt zu mir und sagt ich soll bitte nicht so laut rufen, die anderen Bewohner schlafen schon. Ich verstehe zwar nicht, wen sie mit Bewohnern meint, aber ich bin ruhig. Sie bringt mich zu einem Zimmer und sagt, ich solle mich bitte in mein Bett legen, es sei schon sehr spät. Ich weiß gar nicht, was passiert, und ehe ich mich versehe, liege ich auch schon im Bett. Die junge Frau geht wieder aus dem Zimmer und lässt mich allein.

Ich muss doch noch nach den Kindern sehen. Hoffentlich schlafen sie schon. Ich stehe wieder auf und gehe aus dem Zimmer. Nebenan ist Katharinas Zimmer, ich gehe hinein und sehe, dass sie schläft. Ich gehe weiter zu Jasmin, doch da kommt die junge Frau wieder und sagt, dass ich die anderen Bewohner nicht aufwecken soll. Was will sie denn, ich schaue doch nur nach meinen Kindern.

Ich will nicht ins Bett zurückgehen, erst nachdem ich nach meinen Kindern geschaut habe. Ich will zum nächsten Zimmer gehen, doch sie lässt mich nicht. Ich ärgere mich. Eigentlich bin ich wütend. Ich darf aber nicht wütend sein! Mama hat immer gesagt, man ist nicht wütend. Nur schlechte Menschen sind wütend.

Ich weine. Sie versucht mich zu trösten, doch ich will nicht getröstet werden. Ich will einfach nur zu meinen Kindern. Ich sage ihr, dass ich wieder in mein Zimmer gehe, aber wenn sie weg ist, gehe ich wieder nach meinen Kindern sehen.

Ich glaube, ich habe jetzt lange genug gewartet. Ich gehe zu meinen Kindern. Aber hier sind gar nicht ihre Zimmer. Hier sind überhaupt viel zu viele Zimmer. Wo bin ich überhaupt. Ich laufe umher und weiß gar nicht, wo ich hin soll. Ich habe das Gefühl, dass ich schon Stunden umher laufe. Ich werde müde und lege mich hier hin. Hier ist es warm, und hier liege ich gut. Ich bin so müde...

Ich brauche Hilfe!

Erika und Gabi

„Mein Name ist Gabi Müller." So stellte sie sich den Mitarbeitern in der Pflege im Altenheim Haus Sonnenschein vor. Sie sollte hier im Rahmen eines Praktikums eine demente Bewohnerin über mehrere Tage begleiten.

Mit einem verschmitzten Lächeln nannte die Stationsleitung den Namen der Bewohnerin, die sie für geeignet hielten, Erika Braun, meinen Namen also.

Meine „Vorgeschichte"

Ich wurde vom Pflegepersonal als schwieriger, aggressiver und unruhiger Mensch beschrieben. Ich sei zunächst zur Kurzzeitpflege im Hause, da mein betreuender Sohn mit seiner Familie in Urlaub gefahren war. Wenn ich zuhöre, wie andere mich darstellen und wie unpersönlich das wirkt, dann läuft mir ein Schauer über den Rücken. So etwas ist eine fachliche sachliche Darstellung, glaubt das Personal.

In der weiteren Beschreibung werde ich geschildert, dass ich tagsüber in die Zimmer der anderen Mitbewohner gehe. Dort werde ich dann hinausgeschickt. Über diesen Umstand sei ich oft sehr ungehalten. Ich weiß nicht, wie ich sonst regieren soll, wenn ich ohne Begründung einfach nur hinausgeworfen werde.

Bei der Körperpflege hebe ich oftmals die Hand zum Schlagen und schimpfe verbal „wild" umher. Wenn man den Pflegekräften glaubt, habe ich schon solche Sachen gesagt wie: „Lass die Finger von mir!" „Was machen Sie denn da?" „Was soll das?" „Bleiben Sie da weg!"

Erschwerend komme hinzu, dass ich auf ärztlichen Rat Tag und Nacht ein Stützkorsett tragen soll. Durch das Stützkorsett ist der Pflege- und

Zeitaufwand noch größer, was zu einer größeren Ungeduld bei mir führt. Das Pflegepersonal berichtet weiter, dass ich auch nachts in viele Zimmer hineingehe und über den Flur urinieren würde. Ebenfalls hätte ich in meinem Zimmer beide Betten eingenässt. Das glaube ich einfach nicht, was hier erzählt wird. Ich wurde weiterhin als unruhig, ständig umher laufend und getrieben wirkend beschrieben.

Von meinem Sohn hatten sie erfahren, dass ich zu Hause auch immer aggressiv geworden sei. Das hat mein Sohn nicht gesagt.

Nach diesen vielen Informationen und Schilderungen verstand diese Frau Gabi Müller, warum ein Lächeln in der Auswahl von meiner Person entstanden war.

Erste Annäherung

Anscheinend nahm sie sich vor, zuerst einmal mich zu beobachten, meine Körperhaltungen, meine Bewegungen, meine Gestik und Mimik. Alles was sie bisher über Demente gelernt hatte, wollte sie praktisch umsetzen. Es war zwar eine gewisse Unsicherheit bei ihr zu spüren, aber sie wollte es sich und allen anderen beweisen, dass es gelingen kann, eine gute Arbeit zu leisten und Veränderungen bei einer dementen Frau, also bei mir, zu erzielen, obwohl ich auf der Station als sehr schwierig galt. Na denn!

Später erzählte mir Gabi Müller Folgendes: „Bei meiner ersten Beobachtung nahm ich all die Bewegungen und Haltungen auf, die mir als sehr wichtig erschienen. Als ich dann in ein leeres Zimmer ging, versetzte ich mich in die gleichen Haltungen und Bewegungen wie Frau Braun. Aus meiner Schulung hatte ich ja erfahren, dass ähnliche Haltungen und ähnliche Bewegungen auch ähnliche Gefühle erzeugen. Ich konzentrierte mich darauf, einzelne Gefühle wahrzunehmen, damit ich sie beim ersten Kontakt mit Ihnen gezielt einsetzen konnte. In der Praxis fiel es mir schwerer, als ich gedacht hatte, und ich spürte eine leichte Unsicherheit, ob ich denn wirklich die Gefühle wahrnehmen könnte. Nach ersten schwierigen Momenten nahm ich dann erste Gefühle wahr. Ich war etwas erleichtert. Folgende Gefühle habe ich bei Ihnen, Frau Braun, entdeckt: Ich fühle mich nicht angenommen; Ich befinde mich in einer feindlichen Welt; Ich muss ständig auf der Hut sein; Ich habe kein Vertrauen, keinen Halt; Ich muss alles alleine machen; Jetzt überlegte ich mir, wie ich Sie ansprechen könnte und welche verbalen Berührungen ich bei diesem Erstkontakt einsetzen könnte. Folgende Notizen machte ich mir: Wie schön, dass Sie da sind; Für mich gehören Sie hier dazu; Ich gebe Ihnen gerne Halt; Ich bin jetzt für Sie da; Sie brauchen nicht mehr alles alleine zu machen; Sie dürfen sagen, was Sie brauchen, ich helfe Ihnen gerne."

Irgendwie war sie sehr unsicher, als sie das erste Mal auf mich zuging. Sie begrüßte mich, ich schaute sie an und sagte nichts. „Wie schön, dasss Sie da sind" rutschte es aus ihr heraus, „ich freue mich, Sie kennen zu lernen. Ich bin noch unerfahren und mache jetzt mein Praktikum hier. Ich möchte gerne eine Zeit lang mit Ihnen zusammen sein. Ist das in Ordnung für Sie?" Ich taxierte sie von oben bis unten und sagte: „Es gibt Solche und Solche hier, wissen Sie. Sie scheinen eine Gute zu sein."

„Ich bin jetzt für Sie da", erwiderte sie, „Sie dürfen sagen, was Sie brauchen, ich helfe Ihnen gerne." (Die ersten verbalen Berührungen waren herausgerutscht und zeigten erste Wirkungen.) Das hörte sich gut an, was sie sagte. Ich bekam das Gefühl, dass sie mich mit ihren Sätzen berührte, dass ich in irgend einer Art und Weise ihr vertraute. Ich begann zu erzählen. Ich erzählte von zuhause und früher. Sie hörte mir achtsam und voller Respekt zu. Sie hatte wohl nicht erwartet, dass ich gleich mit ihr sprechen würde. Ich hatte ein großes Bedürfnis, etwas loszuwerden.

Die Dämonen von früher kehren zurück

„Ich hatte ein verletztes Gesicht", erzählte ich ihr, „und meine Eltern waren besorgt. Ich hatte schlimme Dinge im Bauch und habe immer wieder versucht, meinen BH zu richten. Ich lief schnell nach Hause und legte mich auf dem Weg dorthin ganz oft auf die Gehwege, weil ich Angst hatte, die würden mich noch einmal sehen und noch einmal kommen." Nach einer kurzen Pause fuhr ich fort, „Die haben gut ausgesehen, er hat auch gut ausgesehen, gar nicht schlimm. Einige hatten Sträuße oder Zöpfe an den Mützen. Sie haben mir wehgetan, obwohl sie gut aussahen. Es war sehr schlimm. Meine Handinnenfläche hat geblutet, am Kopf hatte ich Pusteln und Beulen. Ich habe ständig versucht, meinen BH zu richten. Hinter mir waren auch welche dran gewesen. Die Mädchen waren jünger als ich. Ich glaube, etwas über 20 Jahre."

Ich holte tief Luft und berichtete weiter. „Als ich nach Hause kam, waren meine Eltern sehr erschrocken darüber, wie ich ausgesehen habe. Wie immer, die gute Mutter, die leider schon tot ist. Sie fehlt mir unendlich. Ich habe mich ewig lange sauber gemacht und mich ständig gewaschen. Ich bin mir so schmutzig vorgekommen. Ich habe nur noch alte, abgenutzte Kleidung getragen, um nicht mehr so hübsch zu sein. Ab dieser Zeit hat das niemand mehr mit mir tun dürfen. Ich bin vorsichtig und traue niemandem mehr. Weil man nie wissen kann! Weil sie ja gut aussehen, weiß man nicht, was sie tun können. Nur mein Mann der durfte das noch, der hatte Verständnis und hat das auch akzeptiert. Ich habe immer noch große Angst, dass mir das noch einmal passieren könnte, dass da noch einmal jemand falsch ist und ich das nicht merke." Ich atmete tief durch und fühlte mich etwas erleichtert.

Nach einigen Minuten der Stille – niemand wusste, was man sagen sollte – stand ich auf und umarmte die junge Frau. Ich ging aus dem Raum durch den Flur in Richtung meines Zimmers. Frau Müller folgte mir, war aber immer noch so überrascht von dem Gespräch, dass ihr immer noch die Worte fehlten. Als ich am Ausgang an der Glastür stand, schrie ich laut auf! Dort, wo große Yukapflanzen stehen, da sah ich sie wieder. „Da ist einer von denen!“ Und ich zeigte auf eine der großen Pflanzen. Frau Müller nahm eine beschützende Haltung ein und stellte sich vor mich mit den Worten: „Ich schütze Sie! Ich bin für Sie da und helfe Ihnen. Sie müssen nichts alleine machen!“

Zunehmend wurde ich ruhiger. Vorher hatte ich am ganzen Körper gezittert und gebebt. Die Angst wie damals, nach dem Geschehen. Die Angst, dass es immer wieder geschehen könnte. Sie begleitete mich auf mein Zimmer. Ich sollte mich jetzt hinlegen. Sie half mir und blieb noch eine Weile in meinem Zimmer. Tausend Gedanken rasten zuerst durch meinen Kopf, dann wurde es ruhiger. Nach zehn Minuten lag ich ganz ruhig auf dem Bett und schlief ein. Das war ein aufregender Start unserer Beziehung!

Sie erzählte mir später, wie es für sie gewesen war: „Ich versuchte jetzt, alles zu analysieren und hinzuschauen, was bei Frau Braun Bedeutung hat. Warum reagierte sie so? Fühlte sie eine Schuld, dass ihr dies im Leben zugestoßen war? Wenn ja, was würde passieren, wenn ich ihr helfe, sich davon zu befreien? Den Einsatz einer Induktion wollte ich nicht so schnell vornehmen, dafür wollte ich mir noch mehr Hintergründe anschauen und noch mehr bei Frau Braun entdecken. Was würden die nächsten Kontakte bringen? Ich wollte an dem entstandenen Vertrauen anknüpfen und weiterhin mit verbalen Berührungen mich langsam an die Punkte der Angst heranarbeiten. Bei diesen Gedanken merkte ich, wie sehr ich Frau Braun mochte, waren solche Ängste eventuell auch meine Ängste? Ich freute mich auf die nächsten Begegnungen. Den Pflegekräften auf der Station teilte ich mit, dass ich ein intensives Gespräch mit Frau Braun hatte. Den Inhalt des Gesprächs ließ ich aber noch außen vor. Ich bat die Mitarbeiter, insbesondere in der Nacht Frau Braun Hilfestellung zu geben. Ich erläuterte ihnen die verbalen Berührungen und wie sie diese bei ihr einsetzen könnten. Ich hatte das Gefühl, dass vielen der

Pflegekräfte diese Hilfestellung gut tat und sie sich nicht bevormundet fühlten."

Die Mitarbeiter verhielten sich im Rahmen der pflegerischen Tätigkeiten daraufhin anders. Sie sprachen in angenehmer Form mit mir (mit verbalen Berührungen), um mir anschließend die einzelnen pflegerischen Schritte zu erläutern. Ich bekam jetzt das Gefühl, dass ich die Oberhand behielt, und kam mir nicht länger ausgeliefert vor. Sie boten mir bei Körperberührungen vorher die offene Hand an. Irgendwie komisch, aber angenehm. Ich freute mich auf die nächste Begegnung mit Frau Müller!

Die Dämonen lauern überall

Am nächsten Tag führte ich sie zu meinem Fenster in meinem Zimmer: „Schauen Sie, da, schauen Sie, sehen Sie das? Was halten Sie davon? Was soll ich da glauben?" „Was können Sie nicht glauben, ist da etwas, das Ihnen Angst macht, Frau Braun?" „Ich weiß nicht, wie ich es glauben soll?" sagte ich, nahm sie an die Hand und führte sie zu einem Fenster im Flur. Unterwegs fragte sie mich: „Ob mich etwas hindert, nicht zu glauben?" „Ich weiß es nicht!" Ich gab mich zurückhaltend. „Da ist noch so etwas Komisches, sehen Sie: da, der große Rote!" Der Gegenstand, auf den ich zeigte, sei ein großer roter Sonnenschirm, sagte sie.

Ich konnte mich doch nicht so täuschen. Meine Angst war wieder stark zu spüren. Sie werde auf mich aufpassen und mich beschützen, erklärte sie. „Das ist viel wert." Ach, ich kann ihr wohl vertrauen. Ich umarmte sie. „Das tut gut, ich will es versuchen, ob ich das so glauben kann. Es wäre so schön und leichter für mich." „Ja das glaube ich Ihnen," erwiderte Frau Müller. „Ja, Ihnen glaube ich es."

Sie versuchte jetzt, die anderen Mitarbeiter ins Boot zu bekommen, indem sie mir sagte: „Wir werden Sie beschützen. Auch nachts können Sie ruhig schlafen. Sie brauchen nicht mehr alleine aufzupassen. Wir machen das gerne für Sie." Es wirkte irgendwie erleichternd. Ich murmelte leise vor mich hin: „Ach danke, ich danke Ihnen sehr."

Wir sprachen noch eine Zeit lang über Verschiedenes aus meinem Leben, ohne jedoch diese Tiefe nochmals zu erreichen. Sie verabschiedete sich schließlich von mir und sagte mir, dass sie am nächsten Tag wieder kommen werde.

Nicht alle gut aussehenden Männer sind schlecht

Ich hatte die erste Hälfte der Nacht durchgeschlafen, dann wurde ich wieder unruhig und nässte auch ein, zumindest hat man mir dies erzählt. Dennoch wirkte ich heute Morgen ausgeschlafener und wesentlich ruhiger. Ich begrüßte die Trainerin mit den Worten: „Schön, dass Sie da sind. Danke, das tut mir gut." Sie antwortete: „Wir sind für Sie da. Wir beschützen Sie. Wir achten auf Sie. Sie brauchen dies nicht mehr alleine zu machen." Das klang wieder so komisch, aber angenehm. Ich umarmte sie, wesentlich länger als am Vortag. Ich lachte beim Frühstück und meinte, „ja, hier ist es gar nicht so schlecht."

Wenig später bei der Hilfestellung zur Körperpflege lehnte ich es ab, dass ein Mann mir helfen sollte. Das ist doch auch richtig so, oder? Als die Trainerin hinzukam, sagte ich ihr: „Was will der hier? Wer ist das überhaupt?" Der Pfleger stellte sich mir vor. „Sie sehen auch gut aus, das ist gefährlich!" Die Trainerin stimmte mir zu. Sie sagte auch, dass man nicht wisse, ob man ihm trauen könne. „Ja genau!" Ich wurde unruhiger. Mein linker Fuß zuckte ein wenig. Ich spürte Schmerzen in diesem Fuß. In der Nähe von dem Pfleger fühlte ich mich ziemlich ängstlich. Ich setzte mich, und der Pfleger hockte sich vor mir hin. Ich schaute ihn an und fragte noch einmal nach seinem Namen. Er stellte sich wiederum vor. Aber ich behielt nicht seinen Namen. „Sie sehen wohl gut aus – soll ich ihnen wirklich glauben?"

Frau Müller sprach mit mir: „Sie dürfen misstrauisch sein, man weiß ja nie, vielleicht können Sie lernen, ihm zu vertrauen, auch er möchte Sie beschützen." Er will mich beschützen? „Wenn ich das nur glauben könnte!" Sie vertraute ihm. Sie sagte: „Wir achten hier darauf, dass die Männer nicht nur gut aussehen, sondern auch gut sind." Das kannte ich so nicht, bisher musste ich immer selbst darauf achten. Ich war weiterhin sehr skeptisch. „Es ist sicher schwer," fuhr meine Trainerin fort, „das immer alleine tun zu müssen und immer auf der Hut zu sein?" „Ja das glauben Sie mal, das ist sehr schwer", antwortete ich. Sie fragte mich, ob die Angst mein ständiger Begleiter sei. Ich wusste nicht, was sie von mir wollte, und es entstand eine längere Pause. Doch ich glaubte, sie verstand mich!

Dieser Mann sprach nun wieder zu mir: „Ich und wir alle hier wollen es Ihnen leichter machen." Ich schaute zu ihm hin und fragte dann Frau Müller: „Vertrauen Sie ihm?" Sie antwortete: „Voll und ganz!" „Na, dann will ich es auch mal versuchen." Dabei schaute ich den Mann an. „Ich danke Ihnen sehr, dass Sie versuchen wollen, mir zu vertrauen," erwiderte er mit leicht rotem Kopf. Ich umarmte Frau Müller und gab dem Pfleger die Hand. Bei der Körperpflege traten keine weiteren Schwierigkeiten auf. Er sprach nett mit mir, irgendwie gestelzt, als wenn er genau wüsste, was er zu sagen hätte. Ich ließ ihn die Körperpflege durchführen lassen und bedankte mich dafür, so wie sich das gehört.

Sie versichern mir: alle beschützen mich

Frau Müller erzählte mir, was ihr berichtet wurde: Ich hätte die ganze Nacht nicht geschlafen. Ich wäre sehr unruhig, teilweise aggressiv und abweisend gewesen, so hätten die Pflegekräfte aus der Nachtschicht berichtet. Das ist ja auch kein Wunder: Sie hatten überhaupt nicht verstanden, dass ständig Männer versucht haben einzudringen. Ich musste darauf achten, dass nichts Schlimmes passierte. Sie hatten mir überhaupt nicht zu gehört

Frau Müller war etwas erstaunt, da sie beim Verlassen am Vorabend mich als sehr ruhig erlebt hatte. Sie fragte bei den Kollegen nach, ob etwas vorgefallen sei. Es hatte einen Wechsel in der Nachtschicht gegeben. Die neue Mitarbeiterin war nicht über die bisherige Vorgehensweise informiert worden. Daher war ich immer noch sehr unruhig, als Frau Müller am Morgen zu mir kam; ich hatte noch diese Angst aus der Nacht und war sehr misstrauisch.

Die Trainerin setzt sich zu mir und sprach davon, mich zu beschützen. Wenn ich das nur glauben könnte. Diese Nacht war das wohl nicht so. Ich sagte ihr: „Wissen Sie, es gibt hier Solche und Solche." Sie gab mir Recht. Menschen sind verschieden, und niemand weiß genau, wem man vertrauen kann und wem nicht. Es ist sicher schwer, Vertrauen zu lernen. „Ihnen und einigen hier kann ich vielleicht vertrauen," sagte ich zögernd. „Es würde uns freuen, wenn es Ihnen gelingen könnte. Wir sind für Sie da, um Sie zu beschützen", antwortete sie mir darauf. Ich hatte das Gefühl, dass ich mich bedanken sollte. „Danke, ich muss wirklich danke sagen, ich kenne das so nicht, danke!" Daraufhin umarmte ich sie wieder. Es tat mir gut.

Ich ging mit ihr in mein Zimmer und sagte wieder zitternd: „Schauen Sie doch mal da raus, wie schrecklich und komisch das ist. Das da, sehen Sie?" „Der Baum?" fragte sie mich. „Ja, wer weiß, was das sein kann." Was sich dort eventuell alles versteckt. Ich hatte Angst. Hatte Frau Müller auch Angst? Sie saß genauso so da wie ich. Angst und eine unbestimmte Gefahr sind die vordergründigen Gefühle bei der Wahrnehmung der Emotionen. Nach einer ganzen Weile fragte sie mich: „Könnte da am Baum jemand hochklettern und zu ihnen hineinkommen?" „Ja wer weiß, sie könnten vielleicht...", antwortete ich. „Ich muss ständig darauf achten, ob da was sein könnte, erst sind sie freundlich, aber man weiß nie!" „Wir passen auf Sie auf", gab sie mir zur Antwort. Das kann ich so nicht glauben. Man ist nicht sicher, man weiß nie. Sie beruhigte mich ein wenig.

Plötzlich hatte ich das Gefühl von Panik: „Ich muss nach Hause, ich muss weg, man weiß nie." Die Trainerin blieb ruhig und schwieg. Sie sprach dann wieder über Vertrauen und fragte mich: „Wollen Sie nicht zuerst frühstücken?" Ja, das kann ich wohl tun, man muss ja auf sich achten. „Wo gibt es denn das Frühstück?" Frau Müller zeigt es mir. Wir gingen beide aus dem Zimmer in den Flur. Dort zog ich sie an das Fenster, wo zwei große rote Sonnenschirme zu sehen sind. Ich war aufgeregt: „Der große Rote dahinten. Da könnte es auch gehen." Ja! Man weiß es nicht. Frau Müller schüttelte den Kopf: „Ich glaube, das ist nicht möglich. Der stärkste Mann kann nicht so weit springen." Sie erhielt Bestätigung von einer anderen Person. „Wenn ich das doch nur glauben könnte."

Sie sprach mich an: „Vielleicht wollen Sie es einmal versuchen. Vielleicht sehen und merken Sie, dass Sie uns vertrauen können. Jeder Tag und jede Nacht, wo nichts geschieht, könnte Ihnen helfen, uns zu vertrauen. Es ist richtig, misstrauisch zu sein, da haben Sie Recht. Spüren Sie einfach, ob Sie uns vertrauen können." Gut. Dann will ich es vielleicht mal versuchen. Ich fühlte mich jetzt ruhiger und ließ mich zum Frühstückstisch begleiten. Vom Weggehen war nun keine Rede mehr.

Im Laufe des Tages sprachen die Mitarbeiter immer wieder von Vertrauen und dass sie auf mich aufpassen würden, das war ganz nett. In der Nacht bestätigten sie, dass ich ruhig schlafen könne, dass die Fenster verschlossen seien und sie darauf achten würden, dass niemand in mein Zimmer komme. Ich war beruhigt und schlief sehr gut in dieser Nacht. Einmal meldete ich mich, um zur Toilette gebracht zu werden. Ich hätte das erste Mal seit langer Zeit nicht mehr eingenässt, behaupteten sie am nächsten Morgen.

Ich beginne zu vertrauen

Die Trainerin unterhielt sich am Nachmittag mit mir und das Gespräch verlief ähnlich wie am Vortag. Ich fühlte mich nur wesentlich frischer und ruhiger.

Auf die Angst, die Unruhe und meine Unsicherheit setzte Frau Müller wieder diese immer gleich lautenden Sätze ein. Sie tun mir einfach gut. Sie ging mit mir zum Fenster und wiederholte das am Vortage Gesagte. Ich sagte ihr: „Es war gut, endlich einmal zu schlafen. Ich habe versucht zu vertrauen. Das hat mir gut getan." Anschließend zog ich sie wieder in den Flur zum Fenster mit dem Blick auf die Sonnenschirme. Auch hier wiederholte sie, was sie am Vortag gesagt hatte.

Jetzt machte sie mir den Vorschlag, einmal mit ihr in den Park zu gehen. Ich in den Park? Was soll das? „Da raus? Ich weiß nicht!" Ich fühlte mich steif und ängstlich. Die Trainerin fragte mich: „Haben Sie so große Angst vor dem Roten? Wollen Sie ihm nicht begegnen?" „Ja, so könnte man das sagen!" Sie blieb dran. „Was ist, wenn ich den großen Roten wegschicke?" „Wegschicken? Wirklich – Frische Luft, ja, vielleicht wäre das schön." Ganz ruhig sagte sie leise zu mir: „Das Haus ist geschützt, der Park und das Außengelände auch." Geschützt? Das kenne ich so nicht, sollte ich wirklich das einmal haben? „Das haben Sie nach so langer Zeit der Angst wirklich verdient," hörte ich in meinem Ohr. „Danke, wirklich danke, wissen Sie, Sie sind aber auch gut, ich würde es auch für Sie tun." Dieser Satz aus meinem Munde erleichterte mich.

Wir gingen hinunter in den Park, um es uns gut gehen zu lassen. Ich verließ zum ersten Mal meinen Wohnbereich. Mit der Trainerin ging ich zur Terrasse. Auf dem Weg dorthin machten mir alle Personen etwas Angst. Auf der Terrasse blieb ich abrupt stehen, als ich die roten Sonnenschirme sah. Frau Müller erklärte mir, wie weit doch die Roten von dem Fenster entfernt sei. Das könnte sein, dass das es keiner schaffen kann. Das ist gut für mich zu sehen. Wieder im Wohnbereich angekommen, schaute ich noch einmal auf die roten Sonnenschirme und meinte dazu: „Es ist etwas weiter weg, mal sehen, ob es gut gehen könnte."

In der Nacht schlief ich wieder gut und hatte nur einmal den Wunsch, auf die Toilette geführt zu werden. Ich nässte nicht ein.

Frau Müller sagte, ich sei umgänglicher geworden, auch bei der Körperpflege. Sobald ich unruhiger werde, sagen sie nette Sätze zu mir. Dann freue ich mich und umarme sie.

Am späten Nachmittag sprach die Trainerin wieder mit mir. Thema war dieses Mal meine Mama. Ich sagte zu Frau Müller: „Die liebe Mama, die alles für mich getan hat. Die leider jetzt schon tot ist. Wissen Sie, es ist wichtig, dass man eine liebe Mama hat." Die Trainerin fragte mich, ob meine Mutter mich auch beschützt hätte. Natürlich, was für eine Frage! „Wir können Ihnen zwar nicht die Mama ersetzen. Doch wir werden versuchen, Ihnen alles zu geben, was Sie brauchen. Wir geben uns weiter Mühe, Sie zu beschützen. Sie brauchen dies nun nicht mehr alleine zu machen," erklärte sie mir. Im weiteren Gespräch wurde ich auf den Verlust der Mutter und meine Trauer angesprochen. Ich erzählte ihr alles, was mir noch einfiel. Dabei ging es mir gut, und ich fühlte mich irgendwie angenommen.

Auch die darauf folgende Nacht war wieder eine angenehme Nacht. Ich fühlte mich sicherer und sagte das auch dem Personal. Am Tag danach habe ich das erste Mal seit langer Zeit wieder gelacht. Auch das Essen ist gut und reichlich.

Mein Sohn kehrte aus dem Urlaub zurück, und ich hörte, wie er mit Frau Müller sprach. Er wunderte sich, dass ich ruhiger und ausgeglichener war. Er war hocherfreut darüber, dass ich nachts schlafen kann. Er ist einfach ein lieber Junge

Er berichtete Frau Müller, dass er und seine Familie nicht mehr gewusst hätten, wie sie mit mir umgehen sollten. Meine Aggression hätte stetig zugenommen. Nachts sei ich immer unruhig im Haus umher gelaufen. Ich wäre auch weggelaufen und hätte immer zu meinen Eltern nach Hause gewollt.

War das wirklich so? Oh Gott, was war und ist nur mit mir los?

Endlich: Licht in meinem Dunkel

Ausblick

Die Fallbeispiele sollten deutlich gemacht haben, was in der Theorie zuvor erläutert wurde: Wenn meine Begleiter die Techniken des vfi gezielt anwenden, erlebe ich als der Betroffene ein Öffnen meines Inneren, Schritt für Schritt.

Dieses Öffnen zeigt sich in erster Linie in meinem verstärkten Vertrauen gegenüber meinen Bezugspersonen. Im Weiteren erlebe ich zum Teil massive, positive Veränderungen meines Verhaltens, das ich gar nicht erwartet hätte. Außenstehende erkennen diese Veränderungen noch deutlicher als ich oder die direkten Begleiter.

Kaum vermutete Ressourcen zeigen sich wieder deutlich und haben zum Teil bleibenden Charakter.

Starke Aggressionen vermindern sich und meine Sichtweise auf andere Menschen nähert sich wieder der Realität an. Teilweise sind verwirrte Symptomatiken bei mir nicht mehr zu erkennen.

Insgesamt fühle ich mich friedlicher, ruhiger und aufgeschlossener gegenüber meiner Umwelt.

Für die mich pflegenden Personen erleichtert sich die Arbeit zusehends. Bei all diesen positiven Ergebnissen ist zu beachten, dass eine kontinuierliche Form der Arbeit mit mir gewährleistet sein sollte und die Gefühle meiner Begleiter bei ihrer Tätigkeit echt sind.

Für mich als Betroffenen ist entscheidend, dass man mich auf meinem Weg durch die Verwirrtheit begleitet, mich aber die Verantwortung selber tragen lässt!

Literatur

Deutsches Institut für medizinische Dokumentation und Information [DIMDI] (Hrsg.) (2005). *ICD-10. Internationale statistische Klassifikation der Krankheiten und verwandter Gesundheitsprobleme. 10. Revision. WHO-Ausgabe. Band 1: Systematisches Verzeichnis.* Köln: DIMDI. (Englische Originalausgabe 1993.)

Deutsches Institut für Provokative Therapie (2008). *Was ist Provokative Therapie (PT)?* Online verfügbar: http://www.provokativ.com/uberblick/was_ist_pt.html [30.01.08]

Farrelly, Frank (1986). *Provokative Therapie.* Berlin: Springer. (Amerikanische Originalausgabe 1974.)

Feil, Naomi (1982). *Validation. Ein neuer Weg zum Verständnis alter Menschen.* Wien: Delle Karth. (Amerikanische Originalausgabe 1982.)

Goleman, Daniel (1996). *Emotionale Intelligenz.* München: dtv. (Englische Originalausgabe 1996.)

Kammerer, Christine (2004). Wahrnehmung und Lernen. In Das Online-Familienhandbuch. Online verfügbar: http://www.familienhandbuch.de/cmain/f_Aktuelles/a_Kindliche_Entwicklung/s_1178.html [20.01.08]

Kast, Bas (2006). Ich fühle, also bin ich. *Die Zeit. ZeitWissen,* 02. Online verfügbar: http://www.zeit.de/zeit-wissen/2006/02/Gefuehle_Titel [15.01.08]

LeDoux, Chris B. (1996). Das Netz der Gefühle. Wie Emotionen entstehen. München: Hanser. (Amerikanische Originalausgabe 1996.)

Lowen, Alexander (1982). *Bioenergetik. Therapie der Seele durch Arbeit mit dem Körper.* Reinbek: Rowohlt. (rororo. 7233.)

Salovey, Peter & Mayer, John D. (1990). Emotional Intelligence. *Imagination, Cognition, and Personality*, 9, 185-211.

Reich, Wilhelm (1938). *Die Bionexperimente. Zur Entstehung des Lebens.* Frankfurt: Zweitausendeins. (Originalausgabe 1938.)

Rogers, Carl R. (1987). *Eine Theorie der Psychotherapie, der Persönlichkeit und der zwischenmenschlichen Beziehungen. Entwickelt im Rahmen des klientenzentrierten Ansatzes.* Köln: GwG. (Amerikanische Originalausgabe 1959.)

Servan-Schreiber, David (2003). *Die neue Medizin der Emotionen. Stress, Angst, Depression: Gesund werden ohne Medikamente.* (Französische Originalausgabe 2003.)